全新知识大揭秘

人文风景线

杨　佳◎编写

吉林出版集团股份有限公司
全国百佳图书出版单位

图书在版编目（CIP）数据

人文风景线 / 杨佳编. -- 长春：吉林出版集团股份有限公司, 2019.11（2023.7重印）
（全新知识大揭秘）
ISBN 978-7-5581-6290-9

Ⅰ. ①人… Ⅱ. ①杨… Ⅲ. ①人文科学－少儿读物 Ⅳ. ①C49

中国版本图书馆CIP数据核字（2019）第003231号

人文风景线

RENWEN FENGJINGXIAN

编　　写　杨　佳
策　　划　曹　恒
责任编辑　蔡大东　沈　航
封面设计　吕宜昌
开　　本　710mm×1000mm　1/16
字　　数　100千
印　　张　10
版　　次　2019年12月第1版
印　　次　2023年7月第2次印刷

出　　版　吉林出版集团股份有限公司
发　　行　吉林出版集团股份有限公司
地　　址　吉林省长春市福祉大路5788号
　　　　　邮编：130000
电　　话　0431-81629968
邮　　箱　11915286@qq.com
印　　刷　三河市金兆印刷装订有限公司

书　　号　ISBN 978-7-5581-6290-9
定　　价　45.80元

QIANYAN 前言

人们每每说到古埃及时，除了对它源远流长的灿烂历史深感敬意外，还会被奇特的尼罗河文明深深吸引，古埃及的文化结晶是人类文明中极为珍贵的部分。其中金字塔记载着古埃及的历史与传说，是古埃及文明的代表。而这些在五六十个世纪前修建的建筑，在建筑学、数学、几何学、物理学等方面给后人留下了许多神奇的、有趣的而又充满智慧的暗示。人们不禁会问：在没有现代机械工具协助的情况下，这些高大雄伟的金字塔是怎样建成的呢?

苏美尔文化则为我们呈现了另一番风景，苏美尔人不仅了解地质学，知道如何获得矿石和其他方面的工艺，而且还制造出完全不同的金属。更令人惊奇的是，在苏美尔人的古老典籍中，我们能找到与现代星相图几乎毫无二致的图案。难道他们在当时就已发明了现代的测绘仪器?

近代科学家和考古学家在世界各地陆续发现了大量谜一般的人类化石、人造工具、人造建筑物等人类文明遗迹。这些文明遗迹遗留在地下、地面上、山上、山洞中、海底，如埃及的金字塔、玛雅文明、希腊文明等。人们通过现代科学方法测定了它们的年代，结果发现，这些文明古迹具有极其遥远的历史，远到令人匪

前言 QIANYAN

夷所思。不仅如此，这些文明还具有极高的科技、艺术、文化水平。

在世界上许多民族的民间故事和神话故事中，都流传着关于人类远古时期文明的种种传说，来自不同民族的传说具有惊人的相似之处，如关于史前亚特兰蒂斯大陆文明的描述等。虽然现在人类文明已高度发达，但人类从何而来？又去向何处？在这片绚丽的文明大地上，湮没了多少历史的足迹？人类文明又是如何铸就了一个个令现代人叹为观止的奇迹？……这一连串的问号让我们在思考人类文明的过程中，更加感叹人类的智慧潜力是多么的巨大，甚至于超乎想象。带着这些疑问，本书将带领读者拨开历史的尘埃，去回溯人类古文明的历程，再现古文明的灿烂与光辉。同时，本书还将带领读者走进精彩纷呈的文化艺术领域，让人们真实地体验艺术探索的乐趣，以及种种难以想象的文明奇迹。

人类文明从发祥到现在，经历了漫长的历史，那每一页翻过的历史、每一个辉煌的创举都记载着人类前行的脚印，仿佛一颗颗明星，照亮历史的天空，闪烁着勤劳和智慧的光芒。

MULU 目录

第一章 世界人文

目录 MULU

MULU 目录

目录 MULU

MULU 目录

目录 MULU

第一章 世界人文

从远古蛮荒的原始丛林中走出来，人类点燃了文明的星星之火。几百万年的积淀和传承，几百万年的交融与碰撞，先人们用智慧和生命创造出了辉煌的文明。追溯远逝的历史，人文之花遍地开放，人文的天空星光灿烂。穿行在人文风景的迷人园林，我们为那些凝结着人类智慧和灵性的人文风景由衷地感动和自豪。

原始文化

原始人类在长期的劳动和生活实践中创造了他们的文化。因为原始人的抽象思维能力还很弱，所以数学知识较差，有些部落开始只能计算 5 或 10 以内的数字，到原始社会末期才发明了用刻痕和结绳来计算数字的方法。他们具有一定的医药知识，能区别一些病症，知道一些药物，但原始医学往往和巫术相纠缠，治病时常常使用咒语或魔法。原始社会先后出现了洞穴绘画和雕刻、雕塑作品，以及造型纹饰和图案，还产生了音乐、舞蹈等原始艺术。原始人类已能根据星辰辨别方向，具有最原始的预测天气的能力。尽管有些文化比较幼稚，却为后世的文明奠定了基础。

埃及文化

在非洲北部，尼罗河孕育了古代高度发达的埃及文化。金字塔是其文化的象征。古埃及人具有高超的建筑才能，先后建造了大大小小共 100 余座金字塔，其中规模最大的胡夫金字塔高 146.59 米，由 230 万块巨石砌成，大小不等的石料重达 1.5 ～ 50 吨。古埃及人能使用高超的防腐技术制作木乃伊，把人的尸体完好地保存几千年。他们发明了纸草作为书写材料，在前 3000 多年就开始使用象形文字，用图形表示事物，也能表示音节，为以后的字母文字奠定了基础。通过对尼罗河河水涨落的观察，他们制定了世界上最早的太阳历，全年 365 天，分 12 个月，每月 30 天，年终再加 5 天。这种历法经过修改后，现在被世界上绝大多数国家所采用。

苏美尔文化

公元前 3000 年，两河流域南部的苏美尔人已经建立了若干城邦，创造了“楔形文字”，这是迄今知道的人类最早的文明。苏美尔人还编制了太阴历，把一年分为 12 个月，每年 354 天，设置闰月加以调整。古巴比伦时期，人们能够把恒星和五大行星区别开来。新巴比伦时代，人们能够预测日食、月食和行星的会冲现象。同时，人们又以 7 天为一周。在巴比伦时代已兼用十进位法和六十进位法，并把六十进位法用于计算周天的度数和计时。古巴比伦人已经掌握四则运算、平方、立方和求平方根、立方根的法则，还会解三个未知数的方程。

古巴比伦文化

公元前 18 世纪，在亚洲幼发拉底河和底格里斯河的两河流域，古代的苏美尔人和阿卡德人在这里建立了古巴比伦王国，它是四大文明古国之一。古巴比伦文化达到了很高的程度：制定了古代第一部较完备的成文法典，即汉穆拉比法典；通过观察月亮圆缺变化的规律，把每个月能见到月亮的 28 天分成四等份，把每一等份即 7 天作为一周，这就是我们今天还在使用的 7 天一星期的制度；建造了一座奇特的“空中花园”，与埃及金字塔齐名，是古代奇迹之一；使用了十进位法和六十进位法，把圆周分成 360 度。

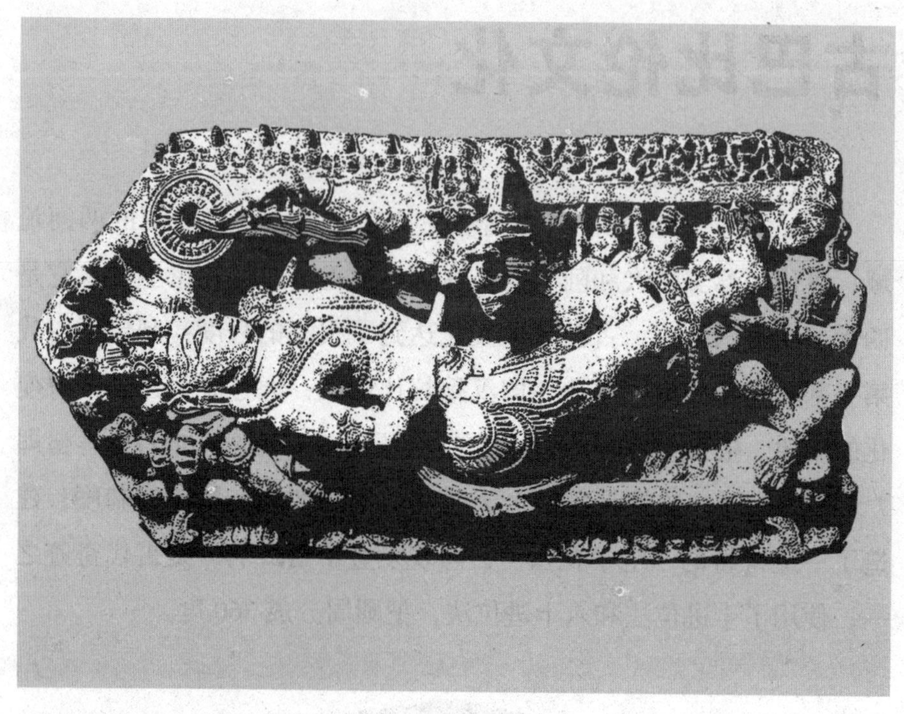

古印度文化

在南亚次大陆上，曲折南流的印度河和恒河孕育了人类又一个文明古国。早在公元前 2500 年，这里就产生了高度发达的古代文化。为了适应灌溉农业的需要，古印度人推算出季节和洪水泛滥的时间，制定了精确的历法，把一年分为 12 个月，每月 30 天，每隔 5 年加 1 个闰月。古印度人发明了包括零在内的 10 个数字符号，还发明了一般通用的计数法。后来，这些数字和计算方法由阿拉伯人传到欧洲，人们把这些数字叫作阿拉伯数字。古印度产生了《摩诃婆罗多》和《罗摩衍那》两部史诗，规模庞大、气势恢宏，是世界文学史上著名的长诗。

古希腊文化

公元前 8 世纪，在希腊兴起了许多城邦，其中较强大的是雅典和斯巴达。他们创造了极其繁荣的古代文化，为现代欧洲文化奠定了基础，是现代欧洲文化的“母亲”。在建筑、雕塑、天文学、数学等方面，古希腊 人进行了许多开创性的工作，取得了惊人的成就。古希腊是文学的一片沃土，创作了《伊索寓言》《荷马史诗》等至今仍广为流传的文学作品。古希腊的戏剧也达到了极高的水平，《被缚的普罗米修斯》现在读起来还很令人感动。古希腊涌现了一大批哲学家，如苏格拉底、柏拉图以及亚里士多德等，在世界史上都占有重要的地位。

古罗马文化

古罗马人在吸收周边各地区的传统文化，特别是希腊文化、伊达拉里亚文化和东方文化的基础上，创造了自己的文化。罗马最早的文学形式是民间诗歌。公元前 3 世纪，罗马出现了第一位诗人安德罗尼库斯。罗马文学的最高峰在屋大维时期，以维吉尔、贺拉斯和奥维德三位诗人的诗歌最为杰出，构成了罗马文学的“黄金时代”。艺术方面，罗马建筑的特点是大圆柱形。最有名的是万神庙。史学方面，古代罗马大约于公元前 5 世纪中叶产生了最早的历史作品。古罗马文化对于整个欧洲文化，乃至于整个世界文化都产生了极其深远的影响。

阿拉伯文化

阿拉伯文化指居住在西亚、北非地区的由阿拉伯民族创造的文化,以伊拉克的巴格达城和埃及的开罗城为中心。在自然科学领域,阿拉伯人依靠星辰识别方向、判断气候、确定时间。后来，农业的发展和航海的兴盛更促进了对天文学和数学的研究，现在欧洲语言中的天文、数学术语很多都来自阿拉伯语。印度的数字、零号及十进位法通过阿拉伯传入了欧洲，后来演变成了现代通用的阿拉伯数字。在人文社会科学领域，《天方夜谭》等小说是阿拉伯民族独特的贡献。阿拉伯文化把东方文化和西方文化融于一体，堪称伟大的文化使者。

阿兹特克文化

中美洲后古典期印第安文化，主要分布于墨西哥中部地区。阿兹特克农业发达，在人工排灌及使用肥料等方面都超过玛雅人。首都特诺奇蒂特兰位于今墨西哥城，人口超过同期伦敦人口。城内街道、房屋整齐，并筑有10余千米长的防水长堤。城中心大广场上建有40余座金字塔形台庙，塔顶建有供奉主神太阳神和雨神的神殿。该文化的陶器以橙黄色地、黑色彩绘为特征。工艺品主要为绿松石雕刻、鸟羽镶嵌和金、银、铜制品。“第五太阳石”代表了其石雕艺术的高超水平。阿兹特克人使用图画文字并有少量写本传世，历法有圣年历与太阳历两种。

玛雅文化

玛雅文化的发源地在墨西哥的东南部和危地马拉的中部。大约公元前 2000 年到公元 1000 年，玛雅人在这个地区生息、劳动。他们掌握了十分丰富的数学和天文历法知识，采用二十进位制，比欧洲人早好几百年知道了“零”的概念，精确地算出一年是 365.242 天。他们有自己的象形文字，并且用象形文字在石碑上刻述各种历史事件。玛雅人长于建筑和艺术，留下了许多富丽堂皇的庙宇、陵墓和丰富多彩的雕刻、壁画，其中博南帕克壁画已成为世界艺术的宝藏之一，所建造的金字塔比埃及人建造的还要精美。玛雅人在各个领域取得了辉煌的成就，成为印第安文明的杰出代表。

印加文化

南美安第斯地区印加帝国统治时期的印第安人文化，中心在秘鲁南部库斯科地区。印加人的道路是世界上最杰出的古代工程之一，能建横跨河谷的木桥、石桥和藤条吊桥。库斯科城的宫殿、庙宇都用巨大的石块建造，石块接缝处衔接紧密，刀片都难插进。彩陶和棉毛织品造型优雅，图案丰富，色彩绚丽。库斯科太阳神庙中的金制巨形太阳盘上镶嵌着人面像，是印加人装饰艺术的杰作之一。印加人已有一定的天文知识和历法知识，历法用太阴月。他们有一些“图画文字”，但是用来记事和传递消息的是“基普”结绳文字。印加人已能制木乃伊，并对麻醉药物颇有研究。

石头的圣经——金字塔

古代世界七大奇观之一。古埃及人相信灵魂不灭，保住尸体能复活永生。因此，大部分统治者都重视陵墓建造。目前发现的古埃及金字塔约 80 座。其代表是公元前 27—公元前 26 世纪建于今开罗近郊的吉萨金字塔群。它包括胡夫金字塔、哈夫拉金字塔、孟卡拉金字塔和斯芬克司（狮身人面像），以及西、南两面长方台式墓与多座小型金字塔。塔身是精确的正方锥形，高大、厚重、简洁，气势宏伟。彼此的平面位置沿对角线相接，群体轮廓参差变化。胡夫金字塔高约 146.5 米，每边底长约 232 米，由北侧离地面 14.5 米处的入口经长甬道可达上、中、下三个墓室，其顶部由几块几十吨重的大石构成。

巴比伦空中花园

巴比伦空中花园建于公元前 6 世纪，是新巴比伦国王尼布甲尼撒二世为他的妃子建造的花园，被誉为古代世界七大奇观之一。希腊历史学家斯特拉博和狄奥多罗斯对此园有不同的记载。据后者的描述，该园建有由不同高度的越上越小的台层组合成的剧场般的建筑物。每个台层以石拱廊支撑，拱廊架在石墙上，拱下布置成精致的房间，台层上面覆土，种植各种树木花草。顶部有提水装置，用以浇灌植物。这种逐渐收分的台层上布满植物，如同覆盖着森林的人造山，远看宛如悬挂在空中。

亚历山大灯塔

古代最著名的第一座人工灯塔，古代世界七大奇观之一。遗址在埃及亚历山大港口附近的法罗斯岛上，约公元前 280—公元前 278 年由埃及国王托勒密二世建成。据记载，灯塔共 4 层，高约 135 米。正方形底层有供人员住宿和存放器物的 300 多个房间与洞孔，其上为八面体建筑。灯体所在的第 3 层为圆形，最上为海神波塞冬的巨大塑像。所用灯体，或说为金属镜，靠反射日光和月光导航，或说为长明火盆。7 世纪，埃及国王拆毁灯体部分，880 年曾修复。1100 年左右遭地震破坏，仅存底层。1326 年再遭地震之灾，灯塔全毁。15 世纪，在塔基上修筑了城堡，1966 年，城堡成为航海博物馆。

罗得港巨人雕像

希腊古代著名的青铜雕像，古代世界七大奇观之一，又称赫利阿斯像或阿波罗像。这座巨像建在罗得市港口的入口处，公元前3世纪，由希腊雕刻家卡勒斯设计创作。在古希腊，罗得岛是地中海东部经济和文化中心之一，公元前4世纪末，成为埃及和马其顿两个强国争夺的对象，岛上居民倾向埃及。马其顿皇帝亚历山大派狄米德里乌斯率兵对该岛进行围攻，后被击退。为庆贺胜利，罗得岛人用缴获的军械熔铸成这座巨像。据记载，太阳神巨像耸立在罗得岛港口，高36米。神像昂首举步立在白色大理石基座上，右手高举火炬，左手持强弓。公元前226年毁于地震。

摩索拉斯陵墓

小亚细亚古国哈利卡纳苏王国国王的陵墓，古代世界七大奇观之一，位于土耳其布德伦港。哈利卡纳苏是希腊城邦国家，公元前4世纪，摩索拉斯统治时期国家强盛。为宣扬自己的威力和财富，摩索拉斯在世时就请人设计好陵墓。公元前353年他去世后，王后阿耳忒弥西娅下令动工修建。当时希腊许多著名的建筑师和雕刻家参与了这项工程。摩索拉斯陵墓为神庙式建筑，吸收了东方和希腊的艺术精华。其外观为长方形，底座用巨大的大理石砌成，上面围绕着中央祠堂竖立着36根爱奥尼亚式圆柱。整座建筑高约45米，体积庞大，结构奇巧。15世纪毁于地震。

阿耳忒弥斯神庙

古代世界七大奇观之一，位于土耳其以弗所城外东北郊，濒临爱琴海。阿耳忒弥斯为希腊神话中的月亮和狩猎女神。神庙约建于公元前600年，公元前356年被焚毁，后重建。占地面积6300多平方米，系伊奥尼亚式建筑，结构极为复杂。神庙有10级台阶，四周共有127根柱子分两行排列，每根柱子高18米，支撑着用大理石铺成的屋顶。残存的石柱至今仍光滑如玉。石柱雕刻着许多神话故事，32根石柱的鼓形基座也刻有浮雕。此外，正面两个山墙上也有雕刻，现存的3根石柱柱础刻有1米多高的神话故事浮雕，装饰华丽。幸存实物大部分收藏于伦敦不列颠博物馆内。

宙斯神像

古代世界七大奇观之一，坐落在希腊伯罗奔尼撒半岛西部皮尔戈斯附近的奥林匹亚村的宙斯庙中，该庙建于公元前 6 世纪。该雕像由希腊建筑师与雕刻家菲迪亚斯创作，像高 12.5 米，坐姿，神像右手握一胜利女神雕像，左手擎一带鹰的节杖，雕像外穿的王袍用黄金页制成，裸露的头、手、足则用象牙雕刻。雕像的宝座用蓝黑色的埃莱夫西斯石精雕而成，上部嵌有黄金的众神浮雕。2 世纪，象牙部分出现裂痕，曾经修补弥合。恺撒大帝时代，雕像曾遭雷击。后来在狄奥多西二世统治时期，神像被运往君士坦丁堡，475 年毁于火灾。

狮身人面像

通常指由狮子身躯与人头结成一体的神话中的怪兽或神圣动物的雕像，又称狮身人首像，音译为“斯芬克司”。最早产生于埃及古王国时代（约公元前2686—公元前2181年），以后流传于北非、希腊、西亚等地。希腊原文“斯芬克司”语源不清，可能意为“栩栩如生的雕像”。狮身人面像规格大小不一，小者1米左右，大者可达几十米。埃及最大的狮身人面像是坐落在吉萨的第四王朝哈夫拉王金字塔前的大狮身人面像。这一雕像同金字塔相结合，既作为神像让人崇拜，又象征着国王的智慧和力量，是埃及著名的古迹之一。

雅典娜神庙

古代希腊祭祀智慧、技艺和战争女神雅典娜的神庙。它是雅典卫城的主体建筑，屹立在卫城山上，建于公元前447—公元前421年，由建筑师伊克梯诺·凯里克雷特和雕刻家菲狄亚斯设计。神庙用白色大理石砌成，呈长方形，长约70米，宽约31米，正殿向东，内有双层叠柱式的三面回廊。神殿外围立有46根廊柱，是维多利亚式建筑艺术的典型代表。山墙、层檐及殿堂内部都装饰着极为精美的雕像和浮雕。神庙几经天灾人祸，里面的古物散落在英国、法国、梵蒂冈等的博物馆中，其中最著名的是由菲狄亚斯创作的雅典娜像，现藏于伦敦不列颠博物馆。

宙斯祭坛（帕加马）

公元前 2 世纪初希腊时期的建筑，是希腊古代建筑艺术典范之一。位于今土耳其西部沿海，是当时帕加马王国的欧迈尼斯二世为颂扬对高卢人的胜利于公元前 180 年前后建造，不仅规模宏大，而且具有高超的艺术水平。祭坛为一座“U”形建筑，东西长 34.2 米，南北长 36.44 米。整个祭坛建筑早已坍毁在地下，沉埋多年。1878—1886 年，德国考古学者对其进行了发掘，出土的石雕被运往德国柏林，经复原后建立了专门的陈列馆供世人观赏。

菲律宾大梯田

又名伊富高梯田，因位于菲律宾吕宋岛北部山岳地带的伊富高市而得名，被誉为“世界第八大奇迹”。该梯田素有“米仓”之称，有 2000 多年的历史，是世界上最大的水稻梯田。这些沿着大山斜坡修筑建成的梯田，在海拔 1524 米高的科迪勒拉山脉上面，像巨大的台阶一样，从山脚到山顶，层层上升，蔚为壮观。梯田大的约有 2500 平方米，小的在 4 平方米左右，仅比一张双人床大些。梯田大多用石块砌成围墙，石墙最高的有 4 米，最低的不到 1 米。如把全部梯田的石墙连接起来，长度可达 2.253 万千米，可绕地球半周。它是菲律宾人民勤劳与智慧的象征。

古典艺术的崇高典范——雅典卫城

它是一座供奉保护神雅典娜的神庙，始建于公元前580年。卫城中的建筑物主要由卫城山门、帕提农神庙、伊瑞克先神庙和雅典城的女守护神雅典娜·帕提侬大雕像等组成。卫城建筑群的全部结构贯穿着崇高的美，贯穿着庄严、和谐和坚毅的品格。426年，希腊城邦衰亡之后，卫城中的巴台侬神庙被改为基督教堂。15世纪，又被土耳其人改为伊斯兰教的清真寺。1687年，土耳其与威尼斯交战，神庙及周围的建筑遭到严重毁坏。1831年，希腊独立，雅典卫城再次引起世人重视。专家、学者纷至沓来，世界各地的旅游者络绎不绝。然而历史的悲剧使人们只能在残垣断壁间追怀古代文明的辉煌。

克诺索斯王宫遗址

希腊米诺斯文明最大、最重要的王宫遗址，位于希腊克里特岛中部伊拉克利翁市东南 8 千米。王宫始建于公元前 1900 年左右。公元前 1750 年左右因地震遭破坏，后重建，规模更加宏大，集中代表了克里特岛米诺斯文明的成就。公元前 1450 年前后为迈锡尼人占领，后毁灭。1900 年起，英国人伊文思开始发掘，部分遗址得到复原。王宫依山而建，规模宏大。已发掘的王宫遗迹大部分属于公元前 1700—公元前 1500 年的新王宫。王宫建筑总体呈方形，面积达 2.2 万平方米。

阿波罗神庙

希腊古典时代的宗教遗址，位于希腊中部的帕尔纳索斯山麓。遗址于 1892 年被发掘。直抵阿波罗神庙有一条“圣路”，两旁依次有希腊各部为供奉太阳神而兴建的“礼物库”、祭坛、纪念碑等。阿波罗神庙长约 60 米，宽约 25 米，四面各有 42 根用精致石料建成的石柱。神庙前设有祭祀阿波罗神的圣坛，古希腊人对此极为崇拜。神庙始建于公元前 6 世纪，历史上由于战争几度被毁，公元前 370—公元前 330 年最后一次重建。这里出土的文物现均收藏于特尔斐博物馆，其中“战车御者铜像”最为有名。

耶路撒冷古城

巴勒斯坦著名历史古城。犹太教、基督教和伊斯兰教共同的圣地。位于地中海东岸的犹地亚山区之巅，海拔 790 米。耶路撒冷现存的旧城城墙为 16 世纪土耳其苏丹苏莱曼时代重建的，城墙周长约 5 千米。城内有犹太教圣殿西墙、基督教圣墓教堂和伊斯兰教圣岩清真寺等。圣殿西墙，犹太人又称“哭墙”，为犹太教圣迹之一。圣墓教堂建于 335 年，为古罗马皇帝君士坦丁一世的母亲海伦娜太后在耶稣墓地所建，是基督教的圣地。圣岩清真寺因传说穆罕默德登天脚踩圣石而得名，为伊斯兰教圣地。

太阳金字塔和月亮金字塔

太阳金字塔是古代印第安人祭祀太阳神的庙宇，在大街的东端，基座约 225 米，高 64 米，用碎石、泥土和砖坯堆成，外铺石板。塔分成 5 级，一面有 236 级阶梯，可登临。月亮金字塔在大街的西端，坐北朝南，建筑形式与太阳金字塔相仿。塔基底长 150 米，宽 120 米，高 46 米，是古代印第安人祭祀月亮的地方。两个金字塔的顶层原有太阳神庙和月亮神庙。据 18 世纪历史学家记载，太阳金字塔顶供奉有太阳神巨像，胸前镶有金片和银板，正对东方，太阳初升时交相辉映，蔚为壮观。现顶部神庙已毁。

津巴布韦遗址

非洲著名石造建筑群遗址，津巴布韦遗址位于津巴布韦东南部、维多利亚堡东南约 24 千米处。津巴布韦在班图语中意为“石头城”。古城遗迹发现于 1868 年。在津巴布韦已发现约 150 处这类“石头城”遗址。遗址坐落在花岗岩山丘和前面的一片开阔地带，占地约 7.25 平方千米。遗址是互相联系的建筑群，用约 30 厘米长、10 厘米厚的花岗岩石块垒成，石块之间未使用任何黏合物。遗址由坐落在 120 米高的花岗岩山丘上的“卫城”及平地上长径 100 米、短径 80 米的椭圆形围场，以及两者之间谷地上的建筑群组成。

底比斯古城

埃及著名古城。古埃及第十八至二十五王朝的都城。位于尼罗河东西两岸的北距开罗 726 千米的卢克索镇一带。古城面积约 15.5 平方千米，主要部分在东岸。最北部分称卡纳克，集中了从公元前 20 世纪—公元 1 世纪的许多巨大建筑群。其中最大的是卡纳克神庙，始建于公元前 1870 年，是目前世界上仅存的规模最大的神庙。西面 1.6 千米是卢克索城，有极著名的卢克索神庙。底比斯地区的神庙建筑、雕刻、雕像、方尖碑等被看成是石头的历史文献，对研究新王国时代的埃及历史具有重大价值。

阿门哈特的石碑

阿门哈特的石碑为古埃及中王国第十一王朝（公元前2000年）时期彩色浮雕作品。彩色浮雕类似于立体绘画，形象微微凸出于壁面，外轮廓仍勾线填色，背景空白处阴刻象形文字以表达画中含义。画中人勾肩搭背形成一个整体。人物和景物都被置于一个平面，在一条水平线上进行构图安排，极富装饰性，造型程式化，富有简练、概括、单纯的美感。

哈雪苏女王神殿

由埃及第十八王朝女王哈雪苏所建，而设计师是女王的宠臣桑曼。神殿坐落在底比斯山的悬崖下，入口处有一排狮身人面兽直达大殿。整个神殿共分 3 层，中以斜坡走道连接。内有描述哈雪苏女王出生时的神迹，宣称她是创造主阿蒙神之女，以巩固自己的统治地位。哈雪苏女王是十八王朝法老图特摩斯一世的女儿，她嫁给了同父异母的兄长图特摩斯二世，在其夫婿死后成为年幼的法老图特摩斯三世的摄政王，不久即自行宣布是法老。她穿着男装，行使国王的职权。由于埃及在她英明的治理下十分富强，因此颇受朝臣的爱戴。在执政 15 年后去世，图特摩斯三世夺回政权，就大肆损毁有关哈雪苏的雕塑、神殿，并修改历史，不承认有哈雪苏这位女法老。

尚博尔城堡

位于法国科松镇，是卢瓦尔河城堡群中最庞大、最宏伟的建筑。于1519年弗朗索瓦一世时兴建。初为王室小猎苑，全部完工于路易十四时代，为一长156米的白色建筑。占地54.40平方千米。计有房间440间，主楼梯13座，小楼梯70座，窗户365扇，装饰精美的烟囱365座。三面封闭，四角是四座雄浑的塔楼，四边为宏伟的护卫大厅，中心部位是两座石筑雕花、处处对称、盘旋向上的双向大楼梯，直达高33米的屋顶大平台。大平台上又是一座小城。城堡下部的简洁结构和上部的繁杂装饰形成显著的反差，被视为建筑奇迹之一。路易十五时，城堡被赐予战功赫赫的萨克森元帅，元帅死后逐渐废弃。1932年，法国政府买下尚博尔城堡的产权，改为国家狩猎公园。1981年列入世界遗产名录。

万神庙

古罗马著名建筑，是当时跨度最大的空间建筑，位于罗马万神庙广场南面。此庙始建于公元前 27 年，后遭毁，约 118 年在哈德良皇帝时期重建。因供奉罗马司掌天地诸神，故有“潘提翁”之称。门廊面宽 33 米，16 根科林斯式柱子分 3 行排列，正面为八柱式结构，柱高 14.15 米。圆形神殿的高度与直径都是 43.3 米，上半部为半球形穹顶。四周墙壁无窗，只有在穹顶中央开一直径 8.9 米的圆洞作采光口，阳光呈束状射入殿堂，随太阳方位、角度产生强弱、明暗和方向上的变化，依次照亮 7 个壁龛的雕像，有一种宗教的宁谧气息。地面用各色大理石铺成图案。

残垣的辉煌——古罗马竞技场

已知最早的古罗马角斗场在庞贝城，建于公元前 80 年。70—82 年所建的罗马大角斗场规模最大，功能完善，结构合理，建筑宏伟。它的设计一直影响到现代的大型体育场。大角斗场建在几座小山之间的谷底，基址本是尼禄皇宫花园里的人工湖。角斗场的前面是贵宾席，中间是骑士席，后面是平民席，可容约 5 万人。表演区呈椭圆形，奴隶们在这里表演角斗或斗兽。表演区与贵宾席前沿有 5 米多的高差，注水后可以表演水战。底层设出入口，观众对号进入，顺着设在放射形拱内的楼梯登上预定的座位区，各区观众集散互不干扰。

波斯波利斯宫殿

古波斯帝国波斯波利斯宫殿兴建于公元前518年，历时半个世纪建成。宫殿建造在高12米、长500米、宽300米的石头台基上，以宏伟、庄严和众多的浮雕石像为特征。主要建筑物有大会厅、觐见厅、国王的宫殿、宝库、储藏室等。门楼、门厅、石柱、石阶均以浮雕或石像装饰。王宫西城墙的北端是一对庞大的106级石头阶梯。大会厅是最大的建筑物，用72根高21米的石柱支撑，其中13根至今仍屹立着。觐见厅又名百柱厅，由100根石柱支撑，柱高7.62米，以圣牛、角狮和人面形为柱头。波斯的建筑融合了埃及、巴比伦、希腊各民族的艺术成就，构成自己独特的、雄伟壮丽的风格。

太阳门

太阳门是位于玻利维亚高原地区的巨石门，属于古代秘鲁蒂亚瓦纳科文化时代的产物。门上的横楣中间刻着一个神的形象：手握权杖，正面而立，穿着用战俘的头装饰的外衣，方形的头周围刻满了放射状的线，线的顶端有动物的头，权杖的两端也装饰着在美洲象征太阳的秃鹰。两旁各有 3 排神秘的动物，每排有 8 个，头上戴着锥形的花冠，手握权杖，跪着，双膝面向中间的神。顶部和底部有排列着的人头，一个个睁大眼睛，有的还举着秃鹰，向着太阳神。门上的浮雕具有浓厚的神秘色彩和复杂的寓意，是当时的人对于宇宙现象的理解，其中包含了深奥的历法计数系统。

图拉真圆柱

意大利著名的古罗马纪念柱，为颂扬罗马皇帝图拉真的战功而建，位于罗马圆柱广场。106—113 年建，柱高 38 米，底径 3.7 米。圆柱空心，内部有螺旋梯直达柱顶，柱顶原有图拉真青铜塑像，16 世纪时改为圣彼得像。柱基内为图拉真墓室，安置金质骨灰盒。柱身饰以 1.2 米宽的螺旋带浮雕 23 处，表现图拉真两次征伐达契亚人的史实。螺旋带浮雕全长 200 余米，刻画人物 2500 余人，还有胜利女神像。整个人物画面按时间先后顺序排列，表现了备战出发、安营扎寨、俘获敌人、凯旋等内容，画面没有任何文字和题款。图拉真圆柱是研究古罗马军事史的重要资料，现保存完好。

阿育王石刻和石柱

南亚次大陆古代的石刻铭文和石柱雕刻，作于孔雀王朝的阿育王时期。据铭文所述，阿育王在统一次大陆北部和中部广大地区后，即下令于各地立柱刻石，宣扬王法，崇奉佛教。现存阿育王石刻与石柱，重要者不下 30 余处。铭文的内容皆为记述阿育王军功政绩和宣扬王道佛法的诏谕。阿育王石柱还是古代印度雕刻艺术的杰作，柱身一般用整块石料刻成，高达 10 余米，柱顶有莲花形盘座、立狮、牛等雕像。全柱雕制精美，工程艰巨，动物形象栩栩如生。较完整的石柱以南丹格尔所存的为代表，精美的雕刻则以鹿野苑的狮形柱头为代表，其造型图案已被作为印度国徽。

伦敦塔

英国著名古迹，位于伦敦泰晤士河北岸、伦敦塔桥附近。1066 年圣诞节后，威廉一世为保卫和控制伦敦城开始营建。后来，历代王朝又修建了一些建筑物，使伦敦塔既有坚固的兵营要塞，又有富丽堂皇的宫殿，还有天文台、教堂、监狱等建筑。整个建筑群反映了英国不同朝代的建筑风格。伦敦塔现为英国著名博物馆之一，陈列有英国和其他国家的古代兵器、王冠、王袍、盔甲等。塔内的皇家珍宝馆，主要展出 17 世纪以来君主的王冠、权杖及王室的珠宝，其中有维多利亚女王加冕时制作的镶有 3000 多颗宝石的“帝国王冠”和嵌有 530 克拉宝石的权杖等。

狮子岩壁画

斯里兰卡古代佛教壁画艺术遗存，作于 5 世纪末（或说 6 世纪初）。狮子岩是一座平地崛起的石山，高 183 米，位于康提城东北 72 千米处。壁画分布于山腰的 4 个洞窟中，由于年久风化，大部分脱落变色，但尚有 20 余处画面清晰可见，色彩绚丽。狮子岩壁画受印度佛教影响，但现存画面无佛像、菩萨及佛徒的形象，全是飞天仙女和女神之类的人物，其中有些可能是古代斯里兰卡神话传说中之“雷电公主”“云雾女郎”等仙女，具有浓厚的民族特色。

马达腊骑士浮雕

保加利亚著名古代浮雕，位于马达腊高原距科拉罗夫格勒不远的马达腊村。浮雕在村附近 23 米高的悬崖上，为 8 世纪的原始保加利亚部落所刻。浮雕表现原始保加利亚人从东部平原迁到巴尔干半岛定居时一个部落在战斗中取得胜利的情景。一个几乎与真人一样大小的骑士骑在马上雄视前方，马蹄踩在一只身上戳着长矛的雄狮上。骑士后面跟随着一条猎狗。浮雕上还镌有保加利亚三个不同历史时期的三段希腊文字。这些文字分别记载了当时保加利亚和拜占庭之间发生的大事。这类浮雕在波斯帝国的许多地方都可见到，而在欧洲属罕见，具有重要的历史价值。

婆罗浮屠佛塔

印度尼西亚著名佛塔，意译为“千佛塔”，建于8—9世纪，位于爪哇岛日惹市西北的婆罗浮屠村。佛塔呈下方上圆阶梯形锥体，通高31.5米。整个建筑物共9层，自下而上依次为方形塔基、方台、圆台及顶端的圆塔，分别代表佛教的“欲界”“色界”“无色界”。顶端中央主佛塔佛陀坐禅处由72座钟形小塔簇拥着。整座大塔有各类佛像504尊，回廊总长3200米，有2000幅以上佛本生故事浮雕，记叙释迦牟尼解脱前的经历。塔底四周墙内有160幅表现因果报应的浮雕。此外，还有当时人民生活习俗、人物、花草、鸟兽、果品等雕刻，故有“石块上的史诗”之称。

拜占庭艺术的结晶
——圣索非亚教堂

东罗马帝国查士丁尼统治时期于532—537年修建的圣索非亚教堂，结构雄伟，装修华丽，融希腊、罗马、叙利亚、波斯风格于一体，是欧洲建筑艺术的结晶。对欧洲中世纪建筑有深远影响，今天依然矗立在伊斯坦布尔。教堂中央是一个巨大的穹顶，直径约33米，高出地面约60米，支架在四座大型拱门之上，穹顶底部是40个窗洞。教堂内部宽敞明亮，旁边是上下双层大理石圆柱，图景逼真，宏伟壮观，使参观者赞美不止。整个教堂以及公共场所的大量雕像，用金属和宝石制成的杯、瓶及精美的装饰品，使东罗马艺术工匠们的精工巧技驰名于世。

伊斯法罕国王清真寺

又称伊玛目·霍梅尼清真寺，伊朗著名的清真寺，原名皇家清真寺，一般称其为蓝色清真寺，位于伊朗伊斯法罕市中心。从1612年阿拔斯一世在位起敕建，后其继任者经17年全部建成，20世纪精心修葺。其造型保持了传统的波斯建筑风格，寺院的内外围墙和一些高大圆柱都以深浅蓝色的小块光彩瓷砖拼嵌成一幅幅瑰丽的波斯图案。该寺有四座高耸的尖塔，正殿和其中两个尖塔朝着西南方向的麦加圣地。正殿与清真寺正门恰好形成45度锐角，结构科学严谨。站在正殿中心的一块方砖上，对中穹形屋顶拍手，立刻会传来7下回音，因此又称为“七音殿”。

威斯敏斯特教堂

英国著名新教教堂，位于伦敦议会广场西南侧。正式名称为“圣彼得联合教堂”。其前身为816年撒克逊国王塞伯特所建的隐修院。教堂有圣殿、翼廊、钟楼等，平面为拉丁十字架形，总长156米，宽22米，大穹隆顶高31米，钟楼高68.5米。整个建筑被认为是英国哥特式建筑中的杰作。该教堂为英国国王加冕和历代国王及著名人士卜葬之地。教堂内的“诗人角”是诗人和作家的墓地，其中有科学家牛顿、达尔文，作家狄更斯、哈代等。两次世界大战中阵亡的英国官兵的花名册也保存在教堂内。

中世纪的完美之花——巴黎圣母院

法国建筑史上的杰作。它有 800 余年的历史，坐落在巴黎市中心塞纳河中的小岛上，是一座典型的哥特式教堂。建筑由竖直的线条构成。正面有三重哥特式拱门，门上装点着犹太和以色列的 28 位国王的全身像。院内外都装饰着精美的雕刻。栏杆上也分别饰有不同形象的魔鬼雕像，状似奇禽异兽，这就是著名的“希魅尔”。教堂的正面即西立面构图完整，既有鲜明的垂直划分以强调向上的动势，又有显著的水平联系。立面雕饰精美，中心的玫瑰窗直径 13 米，极为美丽，是法国哥特式教堂的典型形象，也是以后许多教堂的范本。

法兰西的“故宫”——卢浮宫

位于巴黎塞纳河畔的卢浮宫是世界上最壮丽的宫殿之一、举世瞩目的艺术殿堂和万宝之宫，也是世界上首屈一指的美术博物馆。其藏品精美丰赡，驰名寰宇。这座历史久远的宫殿建筑不仅样式古典，规模宏大，代表了法国建筑艺术的成就，同时还是一部活生生的法国建筑艺术史。卢浮宫占地约 18 万平方米，宫中画廊长达 300 米。馆内的藏品被分为：东方古代文物、埃及古文物、希腊罗马古文物、雕塑作品、绘画作品、工艺美术作品、素描作品七大部分。在这座艺术宫殿中藏有最著名的“宫中三宝”：“爱神维纳斯”“胜利女神尼卡”“蒙娜丽莎”。

乔治·蓬皮杜国家艺术文化中心

坐落在法国巴黎市中心的蓬皮杜艺术文化中心建于 1972—1977 年。主要包括四个部分：公共图书馆、现代艺术博物馆、工艺美术设计中心及音乐和声响研究中心。它的外貌奇特，钢结构梁、柱、桁架、拉杆等，甚至涂上颜色的各种管线都不加遮掩地暴露在立面上。就广义而言，蓬皮杜艺术文化中心的建筑设计也可以说代表了现代建筑中“重技术派”的作品，在国际建筑界引起广泛注意，对它的评论分歧很大。有的赞美它是“表现了法兰西的伟大的纪念物”，有的则指出这座艺术文化中心给人以“一种吓人的体验”，有的认为它的形象酷似炼油厂或宇宙飞船发射台。

枫丹白露宫

法国著名历史建筑，位于巴黎东南65千米的枫丹白露森林内。现存的建筑有13世纪圣·路易时期的一座城堡、6个朝代国王修建的王府、5个不等形的院落、4座代表4个时代特色的花园。建筑外部设计由法国建筑师承担，因此仍保留着传统的法国哥特式手法。内部装饰由意大利著名画家普利玛蒂乔和雕塑家切利尼等人完成，形成了熔法意两国艺术风格于一炉的枫丹白露画派特色。其中亨利二世廊的设计尤为出色，这是一条长条形大厅，天花板用木板镶拼几何图案，侧墙装饰是典型意大利式，墙面分割比例接近柱式，下部是胡桃木雕的墙裙，上面装饰着浮雕、壁画。

柬埔寨的艺术瑰宝——吴哥窟

又称吴哥寺，柬埔寨暹粒省暹粒市的一座佛教庙宇，在吴哥城南大约 1 千米处，是柬埔寨古代石构建筑和石刻浮雕的代表作。吴哥寺的立面构图颇具匠心：水平方向伸展很长，用廊柱加以垂直分划，群塔轮廓曲线柔和，如春笋般显示出向上的动势，形象端庄秀丽、和谐统一。寺外有石砌的内外围墙，寺内有回廊、小屋、佛龛、神座等。廊壁布满精美绝伦的雕刻，题材取自印度古代史诗《摩诃婆罗多》和《罗摩衍那》中的故事，也有描绘苏耶跋摩二世出征的图景，构图精美，形象栩栩如生，浮雕长达 800 多米，是吴哥窟的绝美之处。

大理石上的诗——泰姬陵

泰姬陵是伊斯兰建筑艺术的精品，带有浓厚的古代波斯建筑风格，位于阿格拉市的亚穆纳河南部。莫卧儿帝国皇帝沙贾汗为了纪念其妃蒙泰姬建造的墓，人称“泰姬陵”。工程从1632年到1654年整整花了22年时间，每天动用2万个劳动力。泰姬陵长576米，宽293米，是一个长方形的花园，整个陵园占地17万平方米。整个陵墓的设计体现了伊斯兰教“天圆地方”的概念。泰姬陵是印度古代建筑艺术发展的顶峰，也是莫卧儿帝国沙贾汗时代精神风貌的象征，从中也间接地反映出当时的政治、经济、文化和宗教状况。

历史兴衰的见证人——白金汉宫

白金汉宫是英国王宫，位于伦敦的中心区域，东临威斯敏斯特区圣詹姆士公园，西接海德公园。整个宫殿环境幽雅、宏伟壮观，是英国王室生活、工作的地方，1703 年为英国白金汉公爵所建。1825 年，国王乔治四世聘请了当时英国最有名的建筑家约翰·纳西把白金汉宫设计建造成真正的宫殿。19 世纪 20 年代，白金汉宫按意大利风格进行重建。重建的白金汉宫由 3 座相连的宫殿大楼组成。白金汉宫是在“国旗不见日落”的帝国极盛时期重建的，是世界上最为恢宏、豪华的宫殿之一。王宫内设有宴会厅、典礼厅、音乐厅、画廊、图书室等 600 多个厅室。

凡尔赛宫

古典主义建筑的代表作。原为法国王宫，在巴黎西南。凡尔赛本是狩猎场，1661 年，路易十四决定将皇家行宫迁往凡尔赛，显示君权的威严，是法国专制君权强调严格秩序的唯理主义思想同巴洛克建筑开放布局结合的产物。凡尔赛宫的规模和面貌主要是在 1678—1688 年由孟莎确定的。凡尔赛宫南北两翼总长度达 402 米。南翼是王子和亲王们的住处，北翼是法国中央政府办公处所，并有教堂、剧院等。宫内有宽阔的联列厅和富丽堂皇的大理石大楼梯，并有壁画和各种雕像。在中央部分的西南，孟萨设计了凡尔赛宫最主要的大厅，即 73 米长、10 米宽、13 米高的镜廊。

伦敦圣保罗大教堂

圣保罗大教堂是英国伦敦的基督教堂，是英国古典主义建筑的代表，由英国建筑师雷恩设计。大教堂原方案的平面是希腊十字形，带有一个突出的门廊。教会要求有一个较长的大厅，以适应传统礼仪的需要，因而改成平面拉丁十字形。建筑物全长 157 米，总高约 111 米。教堂的平面由严格精确的几何图形组成，布局对称，中央穹顶高耸，由底下两层鼓形座承托，鼓形座周围是一圈柱子。穹顶直径 34 米，有内外两层，既考虑了外观，又顾及了内部空间效果，还可以减轻结构重量。四周的墙用双壁柱均匀划分，每个开间和其中的窗子都处理成同一式样，使建筑物显得完整、严谨。

圣彼得大教堂

世界上最大的天主教堂建于罗马。它凝聚了几代著名匠师的智慧，文艺复兴时代最宏伟的教堂建筑。圣彼得大教堂由教堂、梯形广场和圣彼得广场组成。大教堂正面墙的左右两角有两座大钟，正面墙顶端有 13 尊石像，居中手执十字架者为耶稣。教堂大穹顶的十字架顶尖距地面约 138 米，是罗马城的最高点。教堂内十字形纵横轴交点是教堂的中央，也是教皇祭坛。祭坛下面是彼得墓地。圣彼得大教堂是一座综合艺术博物馆，内有祭坛 44 座、大理石雕像 104 尊、石膏像 90 尊，还有珍宝馆和地下墓。大教堂建有屋顶平台，可拾级登临，鸟瞰世界天主教中心——梵蒂冈全景。

帝国风流的雄狮——凯旋门

凯旋门是巴黎最著名的名胜之一，坐落在著名的巴黎星辰广场中央，高约 50 米，宽约 45 米，厚约 22 米，内装有电梯。法国历史上最著名的军事天才，一度让欧洲各国封建统治者闻风丧胆的法兰西第一帝国皇帝拿破仑，为了纪念 1805 年在奥斯特利茨战役中击溃奥俄联军的功绩，于 1806 年下令动土兴建凯旋门，整个工程花费了 30 年的时间。凯旋门上有许多精美的雕刻，右侧石柱上刻有著名的大型浮雕《马赛曲》，门的正面下方有 1920 年建造的无名战士墓，墓前点着常年不灭的火炬，还有天天供奉不断的鲜花。凯旋门现已成为法国辉煌历史和强国地位的象征。

克里姆林宫

莫斯科克里姆林宫始建于12世纪，16世纪中叶起成为沙皇的宫堡，17世纪逐渐失去城堡的性质而成为莫斯科的市中心建筑群。18世纪下半叶建造的枢密院大厦巧妙地使穹顶处于红场的中轴线上，丰富了红场建筑群的景观。而在克里姆林宫墙内，枢密院大厦又能与周围建筑配合协调。19世纪上半叶又建造了克里姆林宫、兵器陈列馆和高达60米的伊凡钟塔，这些不同特色的建筑物形成完整的克里姆林宫建筑群。莫斯科克里姆林宫墙东北的红场是政治活动广场。克里姆林宫的钟塔群同红场周围的教堂和其他历史建筑形成的建筑面貌，被视为莫斯科的基调。

冬宫

俄罗斯古典主义建筑，1754—1762 年建于圣彼得堡涅瓦河畔，原为沙皇宫殿，十月革命后，于 1918 年改为埃尔米塔日博物馆。冬宫规模宏大，有上千间房屋，平面为长方形，中心有内庭院。冬宫面向海军部广场的一面，两个侧翼向前延伸，中间部分退收较深，这样处理能显示前后两立面的重要性，而使这个面成为前后两个立面的过渡部分。建筑物外立面划分为上下两部分，采用混合式柱式，上部柱式两层通高，内部为大厅。细部处理采用巴洛克手法，应用壁柱、窗框和各式山花、雕像、花瓶等装饰，结构复杂，效果丰富而强烈。

水晶宫

1851 年英国伦敦第一届世界博览会展览馆的别称。初建于伦敦海德公园内。建筑面积约 7.4 万平方米，长度约为 564 米，长度数字表示建造年份，高 3 层。整个建筑大部为铁结构，外墙和屋面均为玻璃。它通体透明，内部宽敞明亮，呈现出前所未有的建筑形象，时人称之为水晶宫。水晶宫共用铁柱 3300 根，铁梁 2300 根和玻璃 9.3 万平方米。铁构件的规格型号被着意减少，以便成批预制；所用玻璃也是当时玻璃工厂的定型产品。此建筑不到半年建成。博览会闭幕后，被迁建于伦敦市郊，1936 年毁于火灾。

巴黎的象征——埃菲尔铁塔

像一个钢铁巨人高高耸立在巴黎市中心塞纳河南岸的埃菲尔铁塔，又称巴黎铁塔，是 1889 年为纪念法国大革命胜利 100 周年和在巴黎举行的世界博览会建造的一座纪念性建筑。塔原高 300 米，为铁构架。整个塔身自下而上逐渐收缩，形成优美的轮廓线。自底部到塔顶的步梯共有 1711 级。建塔时安装了以蒸汽为动力的升降机，后改用电梯。1959 年，顶部增设电视天线，塔增高到 320 米。铁塔建成时有许多人认为它破坏了巴黎的城市天际线而表示反对，但现在埃菲尔铁塔的宏伟形象已经成为巴黎的象征。埃菲尔铁塔是世界建筑史的里程碑之一，打破了几千年来石构建筑造成的传统建筑观念的束缚。

比萨斜塔

举世闻名的比萨斜塔建于1174—1350年，和比萨主教堂及洗礼堂组成的建筑群是意大利中世纪最重要的宗教建筑群之一。斜塔平面为圆形，直径约16米，共8层，294级螺旋形楼梯设于厚墙中，可通到顶层，登上塔顶可眺望比萨城全景。该塔在建造过程中由于地基不均匀沉降，塔身向南倾斜，塔顶偏离约5米，斜塔因此得名。相传，意大利物理学家伽利略曾在塔上进行自由落体试验。为了防止塔的进一步倾斜，意大利政府从1990年开始进行了长达12年的纠偏修整工作。目前，塔顶中心偏离垂直中心线4.5米，和拯救前相比减少了43.8厘米，足以确保它300年内不发生倒塌。

仰光大金塔

又称瑞大光塔。始建于约前 6 世纪，初建时仅高 9 米，经过多次改建。15 世纪时，国王频耶乾把塔加高到约 100 米。塔身现高 112 米，塔基周长 433 米。他的继承人信修浮女王又在塔周围增加建筑物，形成今日的面貌。塔为砖砌，表面抹灰后贴有金箔，历次修葺中在上面又镶嵌红、蓝、绿等颜色的宝石，灿烂夺目。塔的轮廓为覆钟形，塔身由宽大的基底向上收缩攒尖，形成柔和的曲线。塔身虽为多层，但水平划分并不明显，因而具有强烈向上的动势。塔下四角均有缅甸式半人半狮雕像，塔脚下有 64 座同样形式的小塔簇拥着，使瑞大光塔显得宏伟挺拔。

飞翔的艺术——悉尼歌剧院

澳大利亚悉尼市一个大型综合性文艺演出中心，以建筑形象独特而著称于世。它建在悉尼港内伸出河岸线的一个1.82万平方米的大平台上，东、西、北三面临水，南面对着植物园。歌剧院1959年破土动工，1973年全部竣工。悉尼歌剧院的外观为三组巨大的壳片，耸立在一个南北长186米、东西最宽处为97米的现浇钢筋混凝土结构的基座上。悉尼歌剧院设备完善，使用效果优良，是一座成功的音乐、戏剧演出建筑。那些濒临水面的巨大白色壳片群像是海上的船帆，又如一簇簇盛开的花朵，在蓝天、碧海、绿树的映衬下，婀娜多姿，轻盈皎洁，已被视为悉尼市的标志。

帝国大厦

摩天楼的代表作之一，20 世纪 70 年代前世界上最高的建筑。帝国州是美国纽约州的别称，大厦因此得名。建于 1929—1931 年，在纽约市中心第 5 大道和第 34 街的转角处。大厦号称 102 层。由地面至第 102 层观光平台的高度为 381 米，1952 年在顶部加建电视天线后为 449 米。大厦上面的 17 层实际上是以电梯为主的塔楼，当初设计时曾设想作泊飞艇之用。帝国大厦比例匀称，它的外形轮廓一度成为摩天楼的象征和纽约市的标志。大厦的那些闪闪发亮的镀镍钢板组成的垂直向上的图案在朝阳和晚霞辉映之下光彩夺目，为建筑造型艺术效果开辟了新的境界。

多伦多电视塔

加拿大安大略湖畔的多伦多电视塔可以算是当今世界的巨人。它是世界上最高的建筑物之一，像一柄利剑，直指青天。塔身高达 553.4 千米，有“加拿大的巨像”之美称。在电视塔的四分之三高处，有一个圆舱形的空间。在这个空间里，分别设有 5 个电视发射台和 5 个无线电广播发射台，还有一个能容纳 500 名游客同时用膳的餐厅，餐厅以 1 小时 5 分钟一周的速度旋转。在旋转餐厅用餐时，随着餐厅的旋转，不但可以尽收多伦多市的景色，而且也能饱览安大略湖的秀丽姿色。电视塔塔身轻盈纤巧，塔尖直插云霄，使整个建筑增添了凌空欲飞的神韵。

世界贸易中心

在纽约曼哈顿区南端，西临哈德逊河，是纽约的标志性建筑之一，由两座并立的塔式摩天楼和几幢附属楼组成，1973 年建成。两座塔楼在地面以上均为 110 层，高 412 米，另有 7 层含综合商场、地铁车站和车库的地下室，建筑面积达 120 万平方米。塔楼采用钢框架套筒体系，核心部位为电梯井，每座塔楼设电梯 108 部。两座塔楼共用钢 19.2 万吨，所用玻璃如以 50 厘米宽计算长达 104 千米。建筑外墙全部用铝板饰面。第 107 层是眺望厅，从 107 层可以通过自动扶梯上达 110 层塔顶。西塔楼顶上装有电视塔，南塔楼顶部开放，供人登高观览。2001 年 9 月 11 日被恐怖分子用飞机撞毁。

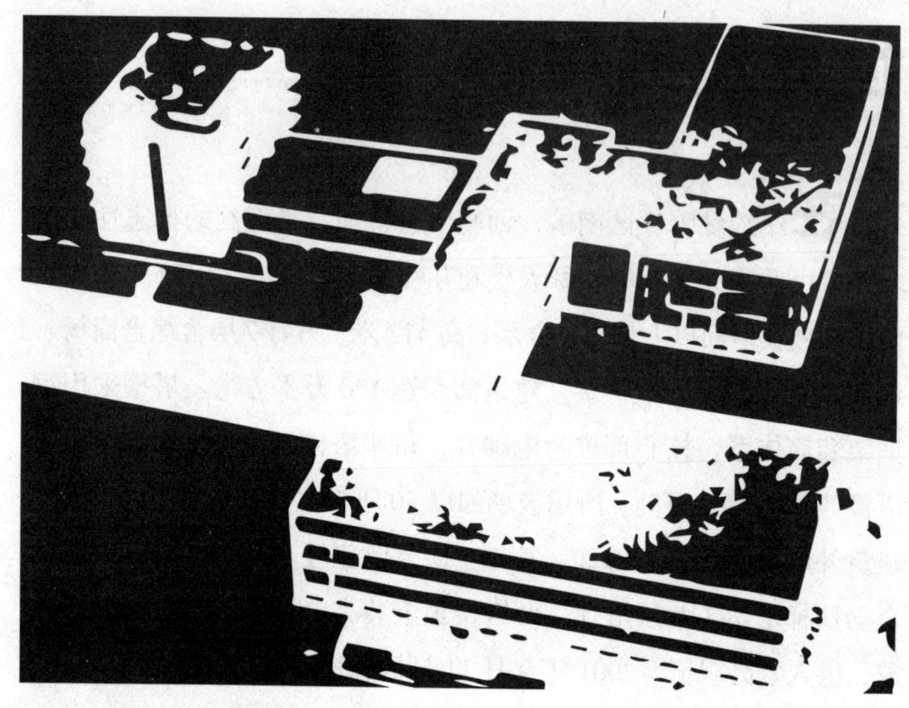

包豪斯校舍

1926 年在德国德绍建成的一座建筑工艺学校新校舍。设计者完全排斥了复古主义的设计思想，运用了一整套现代建筑设计手法，把实用功能、材料、结构和建筑艺术紧密地结合起来。这座校舍标志着现代建筑的成熟，被认为是现代建筑中具有里程碑意义的典范作品。校舍总建筑面积近 1 万平方米，主要由教学楼、生活用房和学生宿舍三部分组成，此外还有附属职业学校。整个平面如三叶风车，打破了传统的对称格局。设计者强调建筑本身的体形美和材料的本色美，以及各座建筑之间高低、体量、方向和虚实的对比，空间形象生动多样，也显示了各单体之间的有机联系。

朗香教堂

朗香是法国东部山区一个古老村庄。当地原有一座小教堂，第二次世界大战期间被毁。1955 年重建的朗香教堂规模也不大，约容百余人。教堂前有一片可容万人的场地，供宗教节日来此礼拜的教徒使用。教堂造型奇异：平面不规则，有凹凸，有弧线，有尖角；塔楼式的祈祷室外形像座粮仓；沉重的屋顶向上翻卷，像大船的船底；墙面既弯曲，又倾斜，开着稀稀落落、大小不一的门窗；墙体与屋顶除几处支点外互不相连；阳光从它们之间的空隙射入室内，造成非常神秘的气氛。朗香教堂的外形与其说是房屋，不如说更像一件混凝土雕塑，有人评它为“塑性造型”的典型范例。

巴米扬石窟

阿富汗著名佛教石窟，位于阿富汗中部巴米扬城北面兴都库什山区。在高约 100 米、长约 1500 米的崖面上，开凿了约 2000 个大小不同的石窟。石窟原为僧房和佛殿，内部用楼梯和走廊连接，被称为“地下伽蓝”。窟内原有大量佛像和壁画，佛像多为泥塑，但多已毁坏，壁画则多残破剥落。其中最著名的两尊大立佛均傍山而凿，东大佛高 37 米，西大佛高 55 米，两者相距不到 1 千米，为世界最大立佛。两佛窟均绘有壁画，西大佛佛窟有佛、菩萨、飞天等，东大佛佛窟的顶部绘有太阳神苏利耶驾驭四轮马车图。这两尊著名的巴米扬大佛在 2001 年被阿富汗塔利班当局用大炮炸毁。

阿旃陀石窟

印度佛教石窟寺，位于马哈拉施特拉邦北部，为公元前273—公元前232年阿育王时代开凿。整个石窟开凿在一个新月形的悬崖上，长达550米，包括未建成的共30窟，分佛殿、僧房两大类。其中第19窟为佛殿式，门面由中央莲花瓣形券窗和双柱门廊组成，墙面刻有佛像及花纹雕饰。殿堂进深14米，高和宽均为7.3米，两边的列柱、正中佛塔和檐部皆有佛像和各类浮雕，建筑与雕刻之美都属印度佛教石窟之冠。约有一半的石窟绘有大量佛教题材的壁画。这些壁画是世界艺术宝库的精品，描绘了佛的生平故事和印度古代宫廷生活，亦反映了劳动人民生产劳动的情景。

博南帕克壁画

玛雅文明壁画遗迹，位于墨西哥南部恰帕斯州的博南帕克，年代约在6—8世纪。壁画留存在一间称为“画厅”的古建筑里，被当地印第安人视为珍宝，秘不示人，直到1946年才被外界发现。“画厅”一排3间，总长16.65米，宽4.12米，高7米。在3个房间内壁，从墙基直至屋顶，遍绘色彩绚丽的壁画，第一间房的壁画主要表现贵族仪仗，第二间表现战争与凯旋，第三间表现庆祝游行。壁画构图完整，笔法稳健，线条流畅，色彩艳丽，人物表情、动作真实生动，如第二间表现胜利归来的贵族和被俘奴隶的壁画，将得胜者的盛气凌人和被俘者的痛苦绝望都刻画得很准确。

南非白妇人岩画

最著名的南部非洲岩画，位于纳米比亚西部布兰德山的一个洞窟里。洞窟约 2 米深、4 米宽。在入口的整面墙上用红色、褐色、黑色和白色颜料绘制出一些跳跃的羚羊和人物形象。画在石壁中央的是一妇人：头发棕黄，面孔苍白，上身皮肤呈褐色，其余部分则为白色，一手握着弓箭，一手拿着荷花似的东西。她前面走着两个身躯挺直的妇女，身上少有佩饰。关于这幅岩画，说法不一。根据它的风格、技法、颜料、主要人物及其周围形象的特点，可以确定它属于公元前 2000 年中期的作品。

贝希斯敦铭文

古代波斯的纪功石刻，刻于伊朗西部巴赫塔兰附近的贝希斯敦山岩上，故以此命名。铭文主要颂扬了大流士国王镇压国内的起义活动，重新恢复了波斯帝国的统一功绩。铭文左上部有浮雕，面积约为 16.5 平方米，表现大流士一世头戴王冠，左手持弓，左脚踩在仰卧于地的高马达身上。浮雕部分的上方为拟人形象的阿胡拉·玛兹达神。铭文对研究两河流域和波斯的古代文字具有重要意义，也是研究大流士时代波斯历史的重要史料。

拉斯科岩洞壁画

在世界著名的史前遗迹中，法国的洞窟岩画闻名于世。洞窟岩画主要分布在法国西南部和西班牙交界的法兰克—坎塔布列地区。其中蒙地尼亚克的拉斯科岩洞的石壁画是法国著名的史前遗迹，有“史前壁画教堂”之称，保存着一些最古老的人类艺术作品。在大约 100 米的洞壁上和洞顶上布满了绘画和雕刻，有飞奔的野马、受伤的野兽、争斗的公牛和生活在公元前 1.5 万年到公元前 1 万年的动物，线条粗壮有力，气势雄伟，动态强烈。保存大量史前遗迹的并不限于拉斯科岩洞，哥摩洞窟岩画、康巴里勒斯岩刻、尼奥洞窟崖壁画、三兄弟洞窟岩画都很有名。

阿尔塔米拉洞窟壁画

阿尔塔米拉洞窟位于西班牙北部城市桑坦德西面，和法国的蒙地尼亚克接近，与拉考斯岩洞内的壁画属于同时代的作品。发现于 19 世纪 70 年代，因内部有精美的史前绘画和雕刻而闻名于世，是西班牙重要的文化遗迹。洞长 270 米左右，多为旧石器时代的遗迹。大多数壁画在侧洞中，画面以野牛为主，线条粗犷，手法简练，并涂以鲜艳的红、黑、紫三色，栩栩如生。此外，还有野猪、野马等动物的形象，以及人的形象、人的手印与人手的轮廓图形等，从这些图形上可以探索古代人们的生活状况，有很高的研究价值。

伊凡诺沃岩洞教堂

伊凡诺沃岩洞教堂坐落在保加利亚东北部鲁塞城附近的伊凡诺沃村一带，为一座开凿在山岩上的教堂，是保加利亚的著名古迹，已被联合国教育、科学及文化组织列入全世界首批世界文化与自然遗产名单。12世纪末，在保加利亚前任大主教阿迪姆一世倡议下，僧侣们在伊凡诺沃附近的洛姆河岸的山岩上开凿了许多房间和大大小小的教堂，并以走廊和木拱使各个教堂连接在一起。工程一直继续到1396年，大约花了100年的时间才建成。在伊凡诺沃的岩洞教堂里，几乎所有的墙壁上都装饰了绚丽壁画，内容有神话故事、人物、风景等，其风格同古希腊的绘画艺术有密切的渊源，其中特萨克瓦塔教堂的壁画尤为突出。

格林尼治天文台

英国皇家天文台所在地，世界计算时间和地球经度的起点，位于伦敦东南泰晤士河南岸。1884年，国际经度会议决定以经过格林尼治的经线为本初子午线，并以格林尼治为“世界时区”的起点，据以校准时间。1957年，天文台迁至赫斯特蒙索，但仍称英国皇家格林尼治天文台。天文台原地仍陈列着该台用过的各种天文观测仪器设备、天象图、航海图等。子午馆内有一条镶嵌在大理石中间的铜线，即著名的本初子午线，一边注明“东经”，另一边注明“西经”。天文馆大门外的砖墙上镶有1851年安装的按24小时走字的大钟，世界标准时间——格林尼治时间就是由此钟表表示的。

断臂的维纳斯

维纳斯是希腊神话中爱和美的女神。维纳斯雕像高贵端庄，她那浑圆的双肩、柔韧的腰肢都呈现一种成熟的女性美。女神下肢为衣裙所遮，舒卷自然的衣褶显示出人体结构和动态，增添了丰富的变化和含蓄的美感。雕像体现了充实的内在生命力和人的精神智慧，既有女性的丰腴妩媚和温柔秀美，又有人类母亲的庄严和慈爱。雕像双臂已残缺，后世不少雕刻家曾设计各种方案试图复原双臂，却都在原作面前黯然失色。不仅因为已故千年的艺术家的构思无法完全揣测，也因为艺术家当年的灵感是永远无法复制的。

彼得大帝铜像

亦称“青铜骑士”，是1767—1770年法国雕塑家法尔孔奈受俄国之聘为彼得堡制作的青铜雕像。铜像高5.30米，竖在5.10米的花岗岩石峭壁的台座上。整个雕塑以注意整体感，姿势与外轮廓明确、简练，内容深刻，形象含蓄，结构严谨而见胜。铜像放置在广场上，人和马结成一体，显示出勇敢向前的气概。底座处理与铜像配合得十分恰当，气势宏大，协调统一，增强了纪念碑的庄严感。

独立大厅

美国著名历史纪念建筑，是美国独立的象征，位于费城国家独立历史公园独立大厦内。1732—1756 年建造。原为殖民时期宾夕法尼亚州的议会大厦。第一次和第二次美洲大陆会议在此召开。1776 年 7 月，大陆会议在此举行，宣布了美国的独立。1787 年，制宪会议也在此举行，签署了美国宪法。现在，独立厅的一切陈设仍保持原样，13 张会议桌上铺着绿丝绒台布，放着纸张、文具盒、书籍及当年使用的蜡烛台。1948 年，美国国会通过法案，将独立大厅及其周围具有历史意义的建筑加以保护，成立了国家独立历史公园。联合国教育、科学及文化组织已将其列为世界文化遗产之一。

《吻》

《吻》是法国雕塑家罗丹的一部闻名于世的作品，取材于但丁《神曲》里所提到的弗朗切斯卡和保罗这一对情侣的爱情悲剧。罗丹取用这一题材以更加坦荡的形式，塑造了两个不顾一切世俗诽谤，在热烈幽会中的情侣接吻瞬间。它是那样坦率真挚，感情充沛，造型动人，充分体现了作为艺术家的罗丹饱含浪漫气质的一面，也说明了他思想的矛盾性、复杂性和感情的无比丰富。这件雕塑把双人坐像的下半部纳入大理石整体之中，避免了脚的繁琐而加强了坐像的整体感。以极为古典的写实手法雕刻而成。他们起伏、细腻、优雅的肌体和姿态，引起了极为生动的光影效果，仿佛其内在的青春热情与生命正凭借这些光影在闪烁、燃烧。

《海的女儿》

当代丹麦雕塑家爱德华德·艾里克森根据安徒生的童话《海的女儿》所作的铜铸雕像。安置在首都哥本哈根海滨公园海滩的石头上。雕塑家根据王子与美人鱼的传说，塑造了一个披着长发、坐在石头上、向大海眺望的少女形象，她一只手撑在石头上，姿态优美，那忧郁的表情使人产生许多联想。作品的构思处理很有意境，是丹麦的艺术珍品，成了国家的象征。1964 年 4 月，雕像的头部曾被人锯下盗走，后来原作者又按原型重新铸造了头像，使雕像重现光彩。

《思想者》

19—20 世纪初法国雕塑家罗丹雕塑的一块人类痛苦的纪念碑。“思想者”像一个苦恼的精灵，弯身向前，做着无以穷尽的探索。右手背转支撑着下颌，臂肘搁置在左膝上，含蓄的力量交错着、矛盾着、运动着，似乎在寻找“支点”。紧张的思索支配着全身每一块筋肉和每一条神经，行将爆发似的贯穿到足尖，脚趾也痉挛着，扣紧台座。巨人低着头，好像被压在自己思想的重量下，妄想拥抱绝对的冥想，把一个强壮的身体压弯成球形，灵魂潜入无底的深渊，陷入无法解脱、无休止的探知过程。作品包涵了丰富的人世哲理和历史内涵，是一件宏观的警世之作。

英格兰巨石阵

巨石阵又称索尔兹伯里石环，是欧洲著名的史前时代文化神庙遗址，位于英格兰威尔特郡索尔兹伯里平原，约建于前 4000—前 2000 年，属于新石器时代末期至青铜时代。这个巨大的石建筑群位于一个空旷的原野上，占地大约 10 万平方米，主要是由许多整块的蓝砂岩组成，每块重约 50 吨。巨石阵不仅在建筑学史上具有重要的地位，在天文学上也同样有着重大的意义：它的主轴线、通往石柱的古道和夏至日早晨初升的太阳，在同一条线上；另外，其中还有两块石头的连线指向冬至日落的方向。因此，人们猜测，这很可能是远古人类为观测天象而建造的，可以算是天文台最早的雏形了。

门农巨像

门农巨像是矗立在尼罗河西岸和国王谷之间原野上的两座岩石巨像。巨像高 20 米，风化严重，面部已不可辨识。坐像是由新王国时代鼎盛期的阿蒙荷太普三世建造的。坐像身后，原来是他的葬祭殿，但后来的法老拆了这座建筑，并把它作为自己建筑物的石料。到了托勒密王朝时代，建筑物已经被完全破坏。人们认为石像是希腊神话中门农的雕像，就给石像取名为门农像。罗马统治时期的地震使雕像出现了裂缝。每当起风的时候，门农像附近的风声就像在唱歌一样，十分神奇。后来经过修补之后的门农像，就再也没有唱过歌。

总统山

位于美国南达科他州巴登兰以西的拉什莫尔山上，雕刻着美国建国后一个半世纪四位著名总统的巨大头像，他们是华盛顿、杰弗逊、林肯和罗斯福。这一巨作由美国艺术家夏兹昂·波格于1927年开始创作，后由他的儿子在1941年完成。利用山峰雕刻如此巨大的石雕人物肖像是史无前例的创举，而且雕像完全采用写实的手法，更给人以庄严宏大的气势。石像与山峰浑然一体，长达18米，宽约60米，仅鼻子的长度就有6米，其艺术造型生动地反映了这四位伟人的性格和特征，令人肃然起敬。如此巨大的头像傍山而雕，整个工程是非常艰巨和复杂的。

自由女神像

矗立于美国纽约港入口处自由岛上的自由女神像，是法国为纪念美国独立 100 周年而赠送给美国的。19 世纪，法国雕刻家巴托尔蒂以自己母亲为楷模成就了这一传世之作，它的全称是“照耀世界的自由女神”。塑像身高 46 米，底座高 47 米，加上手中的火炬，高度超过了百米。体内中空，头部是间可容纳 40 人的观览厅，人们可以从底座乘电梯上去，通过头部花冠下的窗孔眺望纽约及海上的风光。沿梯子可继续上到能容纳 12 人的火炬高处。神像头戴漂亮的花冠，右手高举火炬，左手执一本《独立宣言》，巍然屹立。这座塑像一直被当作美国自由与幸福的象征。

复活节岛石雕像

新石器时代宗教性质的石雕人像群，位于南太平洋波利尼西亚群岛最东端，属智利瓦尔帕莱索省。该岛略呈三角形，面积117平方千米，岛上有近千尊巨大石雕像，矗立在240多个石座上。石雕像分属3个时期。中期石像最为发达，以短腿、长耳为主要特征，下颌突出，鼻子略凹，长耳垂肩，两臂曲放腹部，头顶平坦，上置圆柱形头冠，双眼曾镶有白珊瑚或红色凝灰岩制成的眼珠。石像一般高3～6米，最高达11米，重82吨。后期逐渐衰退，宗教场所变成墓地。现岛的东南部拉诺拉拉库火山口斜坡的石场上还有300多个未完成的石像。

流水别墅

美国建筑师赖特的代表作，也是现代建筑中杰出作品之一。在美国匹兹堡市郊区，建于 1936—1939 年。赖特在一块背崖临溪、最宽处不足 12 米的地方苦心经营了这座依山就势、凌空飞跃、参差俯仰其间的建筑。赖特说：流水别墅是由环境激起的灵感所成，借助于钢材的力量，得其所而遂其形。它为有机建筑理论作了确切的注释。19 世纪维也纳学派艺术史家里格尔说过：就建筑空间的形成和体量的组合这两方面而言，艺术家们往往牺牲后者以发展前者，或者相反。当代意大利建筑理论家泽维认为：赖特的流水别墅杰作独能两全其美。

萨伏伊别墅

现代主义建筑的典范作品之一。法国建筑师勒·柯布西耶设计，1930年建成。别墅在巴黎附近普瓦西的一个花园中，宅基为矩形，长约21.5米，宽19米。整个建筑由立柱支承，共三层。萨伏伊别墅是勒·柯布西耶关于采用框架结构的“新建筑的五个特点”、建筑美学上的立体主义的“纯净形式”和建筑功能上追求“阳光、空气、绿化”这些观点的具体体现。它对建立和宣传现代主义建筑风格影响很大。

柏林透平机工厂

柏林透平机工厂是由著名建筑师贝伦斯所设计，不仅在世界工业界影响巨大，而且也是现代建筑史上一个重要事件。透平机（即涡轮机）工厂的主要车间位于街道转角处，主跨采用大型门式钢架，钢架顶部呈多边形，侧柱自上而下逐渐收缩，到地面上形成铰接点。在沿街立面上，钢柱与铰接点坦然暴露出来，柱间为大面积的玻璃窗，划分成简单的方格。屋顶上开有玻璃天窗，车间有良好的采光和通风。外观体现工厂车间的性格。在街道转角处的车间端头，贝伦斯作了特别的处理，厂房角部加上砖石砌筑的角墩，墙体稍向后仰，并有“链墩式”的凹槽，显示敦厚稳固的形象，上部是弓形山墙，中间是大玻璃窗，这些处理给这个车间建筑加上了古典的纪念性风格。贝伦斯的设计不能不说是一个很大的进步，同时也表明了工业企业家在现代社会权力结构中的重要地位。

凯里迈基教堂

凯里迈基教堂位于芬兰东部，是世界最大的基督教木制教堂，也是当地著名的特色旅游景点。凯里迈基教堂于1847年建成，长45米，宽42米，高27米，可容纳5000余人。教堂融合了新哥特和新拜占庭风格，结构紧密宏伟，色彩淡雅。由于教堂内没有暖气设备，因此主要在夏日才使用。每逢夏日旅游季节，前往观光的各国游客络绎不绝。

洛克菲勒中心

在纽约曼哈顿岛中部，由美国洛克菲勒财团投资建造的大型商业娱乐和办公建筑群。建于 1931—1940 年，占地 8.9 万平方米，共有建筑 19 座。设计单位包括三个建筑师事务所，主要设计人有胡德、科比特、哈里森等。建筑群的中心是一个下凹的小广场，广场正面有一座闪闪发光的飞翔着的雕像，下面有喷泉水池，浮光耀眼，冬季可作溜冰场。小广场南面是街心花园，供人们小憩。在市中心巨厦之间布置这样的环境，既闹中有静，又富有空间构图的变化。中心的各个建筑物之间都有地下通道连接。建筑群的主体是 RCA 大厦，70 层，高 259 米。外观强调垂直线条，是板式高层建筑的雏形。此外，还有 36 层的时代与生活大厦、41 层的国际大厦和 6 层的车库等。整组建筑群布局紧凑，建筑密集有序。

联合国总部大厦

大厦位于美国纽约曼哈顿东区第 42 街和第 48 街之间，占地 6 个街段，由联合国秘书处大楼、联合国大会及安全、经社和托管理事会会议楼、图书馆组成，被称为“国际领地”。总部正面广场上飘扬着联合国 180 个成员国的国旗，有来自各国的 5000 多名工作人员在这里工作。总部的主体建筑是高达 39 层的秘书处大楼，是一座长方形的盒式建筑，联合国秘书长的办公室设在 38 层。大楼东西两侧是宽敞的钢窗，南北两侧镶嵌着灰色的大理石板。大楼北面是联合国大会会议厅，会议厅中的每个代表团有 6 个席位，表决时只要按动桌子上的电钮，就可以在主席台后墙上的显示牌上出现绿、红、黄色灯光表示赞成、反对或弃权。联合国总部大厦的建成标志着现代主义建筑潮流在 20 世纪中期占了上风。

澳大利亚悉尼海港大桥

悉尼海港大桥是南半球最大的拱桥，号称“世界第一单孔拱桥”。屹立在悉尼歌剧院的西面，横跨杰克逊海港，连接悉尼市南北。包括引桥全长 1149.1 米，桥面宽 48.8 米，中间为双轨铁路、8 条汽车道、2 条自行车道，两侧人行道各宽 3 米。从海面到桥面高 58.5 米，万吨巨轮可以从桥下通过。整个大桥如长虹卧波，气势磅礴。大桥于 1923 年开始建造，1932 年竣工，历经 9 年。整个工程使用钢铁 5.28 万吨、水泥 9.5 万立方米、油漆 27.2 万升、铆钉 600 多万个，桥塔、桥墩用花岗石 1.7 万立方米。从这些数字足可见此桥工程的雄伟浩大。在 20 世纪 30 年代的条件下，能在大海上凌空架桥，实为罕见，其建筑水平足以与巴黎铁塔和伦敦铁塔相媲美。

日本明石海峡大桥

日本明石海峡大桥，连接四国岛和本州岛，是世界上最长的双层桥，也是连接内陆工业的重要纽带。它跨越日本本州—四国岛之间的明石海峡，最终实现了日本人一直想修建一系列桥梁把4座大岛（本州、九州、北海道和四国岛）连在一起的愿望，创造了20世纪世界建桥史的新纪录。大桥全长3911米，桥墩跨距1991米，桥面宽35米，设6车道；桥塔高280米，两根稿子主缆各由290根高强钢索构成，直径为1.222米；总投资约40亿美元。1995年1月，在日本坂神发生里氏7.2级大地震，该桥经受住了大自然的无情考验，只是南岸的岸墩和锚锭装置发生了轻微位移，使桥的长度增加了0.8米。

伦敦塔桥

伦敦塔桥位于伦敦塔旁，距西敏寺不远，是伦敦标志式的建筑物，建于 1886 年，于 1894 年建成通车，屹立于泰晤士河上，已有近百年历史，外形十分典雅，结构形式也与众不同，颇具气势。以前塔桥利用水压以蒸汽作为开关的动力，1976 年起改用电动控制。塔桥的桥身分上、下两层，下层桥可以开闭，每天开放 2 次让船只通过。两边有两座哥特式样的尖塔建筑，塔顶由大小五座小尖塔组成，颇有童话古堡的色彩。游人可以进入塔里参观，乘古老升降机登上塔顶，里面设有专馆介绍塔桥的建造，游人并可于上层的桥上鸟瞰伦敦市沿河两岸的景色。

国油双峰塔

国油双峰塔坐落于吉隆坡市中心，由著名的凯撒培礼建筑事务所设计完成。整栋大楼的格局采用传统回教建筑常见的几何造型，包含了四方形和圆形。高度为 450 米，占地 341 763 平方米，包括了办公大楼、公共设施以及会议中心等。大楼中有一所可容纳 850 个座位的国际会议中心，一个原油探勘资讯中心，一座专门收藏石油、石化业及相关产业资讯的图书馆，此外还有一所艺廊，增添了一些文化气息。在 41 楼和 42 楼之间，有“天空之桥”与塔相连，它代表着通往吉隆坡现代化通道的意义。目前，国油双峰塔不仅是全世界最高的建筑物之一，也是吉隆坡的地标性建筑。

金门大桥

金门大桥是世界上最壮观、最大的单孔吊桥之一，位于旧金山湾入口处，建于1933—1937年，耗资达300万美元，全长1981.2米，大桥南北两侧耸立2座“门”字型桥塔，塔高342.6米，两塔之间的跨度为1280米。桥墩位于海中335米的地方，向下至20米深的海底岩石上。在桥墩的四周修建了混凝土护栏，呈圈形，9米厚，27米深。在修建的四年间因为脚手架事故而导致10人死亡。该桥桥身线条优美，漆着显眼的橘色是为了防止在浓雾时有海鸥或低飞的飞机撞上。在桥上观赏景致，非常壮观，它东望湾区，西向太平洋。大约要40分钟才能走完全桥。如今，金门大桥已成为旧金山人民的骄傲。

哈佛大学

哈佛大学1636年创立于马萨诸塞州剑桥，原名“哈佛学院”，1780年改现名。哈佛大学现共设有15所学院。哈佛共出过8任美国总统和数百位诺贝尔奖、普利策奖获得者。此外，还培养出了一大批知名的学术创始人、世界级的学术带头人、文学家、思想家，如诺伯持·德纳、拉尔夫·爱默生等。我国近代也有许多科学家、作家和学者曾就读于哈佛大学，如林语堂、梁实秋、梁思成等。哈佛图书馆拥有百余个书库，总藏书量达1600万册，仅次于美国最大的国会图书馆。

斯坦福大学

是一所美国私立大学，地处加利福尼亚州旧金山半岛。1885年创建，经过100余年的努力，斯坦福大学已成为美国和全世界都知名的一流大学。1985年，《亚洲华尔街日报》评斯坦福大学为亚洲学者心目中名列第三的世界顶尖大学，仅次于哈佛大学和牛津大学（与剑桥大学并列）。该校在美国研究性大学中名列第一。目前，斯坦福大学在校学生总数超万人。学校的主要学术机构有商业研究院、胡佛研究所等。第二次世界大战后，在斯坦福大学的振兴中，经过研究基金、学术机构和产业开发三种力量的联合努力，创建了斯坦福大学研究园，最后产生了硅谷。

牛津大学

英语国家中最古老的大学，早在 1096 年就已有人在牛津讲学。12 世纪末，牛津被称为“师生大学”，1214 年改称牛津大学，并沿用至今。第二次世界大战后，研究生教育大发展，目前共有 28 所学院兼招本科生与研究生，研究生人数已达学生总数的 27%。目前，牛津共有 39 个学院，6 所永久私人学堂，各学院规模不等，但都在 500 人以下。牛津的博德利图书馆是英国第二大图书馆，藏书 600 多万册。牛津大学在英国高等教育和社会发展史上具有极其重要的地位，英国历史上的诸位首相中，超过半年是牛津毕业生，牛津大学毕业生中还有多位获诺贝尔奖。

剑桥大学

剑桥城因有桥架剑河之上而得名，创办于 1209 年。1209 年，一些学者为躲避牛津地区市民的敌视，移居剑桥，继续教学。1226 年，由于学生人数增加，因此他们就以一位大法官为代表建立求学者和教师们自己的组织，负责安排课程、组织教学。这个组织就是剑桥大学。目前，剑桥大学共有 31 所学院，设有自然科学、工程、计算机、建筑、管理、医学、经济、考古、法律、哲学、教育、艺术、古典文学、英语、历史等院系。剑桥大学图书馆藏书超过 1500 万册。

耶鲁大学

1701 年在康涅狄格州成立。在美国最古老的大学中名列第三。第二次世界大战以后，虽然通货膨胀等一系列社会问题毫无例外地影响着耶鲁，但是由于格里斯沃尔德校长励精图治，耶鲁很快恢复了独树一帜的学术活动以及认真负责的教学传统与自由争鸣的学术气氛。1950 年，耶鲁为 1.1653 万名学生授予学位，这在当时的大学界是一个惊人的数字。图书馆藏书超过 1000 万册，是全球第二大大学图书馆。

东京大学

成立于 1877 年，是日本创办的第一所国立大学，也是亚洲创办最早的大学之一，公认为日本最高学府，是亚洲一所世界性的著名大学。它的前身是明治时期创办的东京开成学校和东京医科学校，于 1877 年根据文部省指示将上述两校合并，设有文学、法学、理学、医学 4 个学部。1947 年重新恢复了最早“东京大学”的校名。1986 年，亚洲一些大学校长和行政管理人员投票评选 10 所世界著名大学时，东京大学作为亚洲唯一代表入选。今天，东京大学已成为综合大学，设有教养、文学、法律等研究所。

巴黎第七大学

“巴黎七大”是一所综合性大学，现有学生2.7万名。学校开设几百门课程，教学机构有三大分支：第一大分支是医学，学生数量众多，包含巴黎最大的两家医学院，而在研究方面则拥有欧洲最重要的让·贝尔纳研究组；第二大分支是文科，包括文学、语言及社会科学；第三大分支是自然科学。“巴黎七大”现共有多个图书馆。“巴黎七大”是一所蓬勃向上的学术与教育机构，它的基本目标是：深入研究各个领域，面向未来，培养自由的、富于批评精神的学者。

麻省理工学院

麻省理工学院位于马萨诸塞州的坎布里奇，师资质量是世界公认的高水平。该校的教育致力于使学生获得强有力的科学、技术和人文基础方面的训练和熏陶，鼓励他们提出问题、寻找答案，并在这一探索的过程中发挥个人的独创性。在自然科学、人文科学和社会科学这两大部分都有同等的硬性要求：自然科学包括化学、生物学、物理学等，并且理论和实验并重；人文科学和社会科学方面则要求在包括文学和名著研究、语言、艺术、文化与社会以及历史研究等 5 个领域中完成 3 个领域的研修。

普林斯顿大学

建校于1746年，校址在伊丽莎白，1756年迁到普林斯顿，1896年正式改名为“普林斯顿大学”。普大初建时以语言和文理科教学为主。随着时间的推移，其专业培养目标逐渐扩大，包括工程学、应用科学、建筑学、国际关系、创造性艺术等。目前，普大有人类学系、建筑学系等几十个系科。费贝斯通图书馆是一个开放性的图书馆，藏书达600万册。普林斯顿大学艺术博物馆是一座教学博物馆和为社会服务的重要资源，在艺术、人类学、自然史方面有很多珍品。

哥伦比亚大学

哥伦比亚大学建于 1754 年。1767 年，哥大授予了第一个博士学位，这也是美国历史上第一个专业博士学位。该校共开设包括建筑、艺术、商业、牙科、工程、国际事务、新闻、法律、图书馆服务、医学、社会工作等专业的所有文理科和专业课程。哥伦比亚大学图书馆共藏有 870 万册图书，以及 2600 万份手稿。该校的教学强调专业与综合教育相结合，核心课程主要侧重于人文学科。哥伦比亚大学被誉为培养政治、经济领袖人物的摇篮。美国第 26 届总统西奥多·罗斯福和第 32 届总统富兰克林·罗斯福是该校的毕业生。

莫斯科大学

莫斯科大学是俄罗斯历史最悠久、规模最大的高等学校，是俄罗斯最大的教学、科研和文化中心，也是世界上最著名的高等学府之一。1755 年，根据俄罗斯学者罗蒙诺索夫的倡议创建于莫斯科。1940 年 5 月 7 日，莫斯科大学成立 185 周年时，以罗蒙诺索夫的名字命名。莫斯科大学对于俄罗斯科学和文化的发展起着显著的作用。19—20 世纪初，有别林斯基、莱蒙托夫等许多科学家在此展开科学和教育活动。在莫斯科大学诞生过 13 位诺贝尔奖得主、6 名菲尔兹奖得主。

剑桥大学图书馆

英国综合性研究图书馆，创建于 1424 年。当时只有 76 卷捐赠的图书。1709 年，英国颁布版权法，规定凡本国出版的图书都要免费缴送给该馆，从而使馆藏迅速增加。现在的馆舍建于 1934 年。著名的特藏有以历史书为主的艾克顿文库，英王乔治一世赠予的皇家图书馆文库，达尔文收藏的图书及其笔记等手稿，英国著名学者如鲍德温、克鲁、哈定等人的论著、手稿等。该馆不仅为本校服务，也为议会的议员服务。总馆下设有科技期刊图书馆、医学图书馆和法律图书馆。

巴黎国立图书馆

法国最大的图书馆，也是世界上最大的图书馆之一，设在巴黎。前身是1386年建立的国王私人图书馆，当时只有800册手抄本，后发展为皇家图书馆。经逐步扩充，形成了现在的“黎塞留”四边形大楼。1984年，该馆馆藏达8000万册（件），主要职能是：完整无缺地收藏出版物呈缴制度所规定的所有文献、使所藏文献处于完好状态、让读者了解和科学地利用馆藏。该馆还担负着国家书目中心、国际交换中心、国家外借中心、国家古籍和珍贵文献中心等任务。该馆的国际交换工作始于1694年，是欧洲最早开展国际交换工作的单位之一。

俄罗斯国家图书馆

世界上最大的图书馆之一。前身是建于 1862 年的莫斯科鲁勉采夫博物院图书馆。该馆有全国各种出版物和国外文献的收藏中心，读者服务和馆际互借中心，全国推荐书目和书目情报中心，全国文化和艺术问题情报中心，全国图书馆学、目录学和书史等研究中心，全国图书馆科学方法研究、指导和咨询中心。1987 年，该馆共藏有 247 种文字的文献 3500 多万册（件），国外文献占 40%。每天通过定购和交换可获得最新文献 7000 ～ 8000 册。馆藏中有大量珍贵文献。1976 年，增建了书籍博物馆，从事书史的研究并对外开放，传播古文献知识和宣传本国文化。

美国国会图书馆

世界上最大的图书馆，建于1800年，主要为国会服务，并担负着国家图书馆的职能。馆址在华盛顿国会山，馆舍由杰弗逊大楼、亚当斯大楼和麦迪逊大楼组成，总面积34万平方米。它已成为国会、政府、学术界和一般读者的参考咨询中心、国际交换和国际互借中心、全国目录中心、各国政府出版物和联合国资料收藏中心、国内外馆际协作中心和图书馆学研究中心。馆藏达千万册（件），包括500种左右的文字。馆藏中有许多珍品。该馆还是中国以外收藏中文图书最多的图书馆之一。

德意志自然科学与技术成就博物院

世界最大的科学技术博物馆，位于德国慕尼黑博物馆岛上。展出内容有：地下资源和露天采矿，石油和天然气，矿山，选矿和洗煤，冶金工业，金加工，发动机，陆上交通，室外展出，隧道建设，街道和桥梁，水利工程，电气能源技术，航运，航空，物理，核能技术，通信技术，乐器，化学，技术化学，制陶、制玻璃技术和造纸技术，书写印刷术，摄影术，纺织技术，度量衡，计时，农业技术，宇航，天文等。馆内收藏有大量仪器设备的历史原件及模型，其中许多可供现场操作，并配有文字论述和画面介绍。诸部分中较引人注目的是 6 楼和 7 楼的天文学部分。

俄罗斯国立艾尔米塔什博物馆

该馆是俄罗斯最大的艺术与文化历史博物馆，也是世界上最迷人的幽宫之一，位于彼得格勒涅瓦河畔。该馆收藏异常丰富，主要藏品有俄罗斯和各国稀有珍品，古希腊、罗马雕塑，西欧中世纪至近代雕塑和绘画。该馆陈列分原始文化史，古希腊、罗马文化与艺术，东方民族文化与艺术，俄罗斯文化，西欧艺术史，钱币，工艺等部分。展品陈列于几百间展厅，有“世界最长艺廊”之称。

美国自然历史博物馆

世界上规模最大的自然历史博物馆之一，创建于 1869 年，位于纽约曼哈顿区中央公园西侧，占地总面积 7 万多平方米。古生物和人类学的收藏在世界各博物馆中占居首位，五大洲的代表性标本均有收藏。陈列范围主要包括天文学、矿物学、人类历史、古代动物和现代动物 5 个方面。500 ～ 1500 平方米大小陈列厅共有 38 个。设有动物行为学等 10 多个学科研究部。该馆设有图书馆和奥斯朋古脊椎动物分图书馆，藏有自然历史方面书刊 30 万册左右，其中许多是很有价值的首版专著。

英国不列颠博物馆

世界著名博物馆，在伦敦鲁塞尔大街。该馆收藏有世界各国的精美艺术品。设百余间陈列室，分为埃及古器物、希腊和罗马古器物、西亚古器物、欧洲中世纪器物、东方古器物、英国史前和罗马占领时期艺术、钱币和纪念章、版画和画稿等部门。其中以古代埃及艺术、希腊和罗马艺术、东方艺术等部分最引人注目。古代埃及艺术部分陈列有举世闻名的罗塞塔碑石、法老木乃伊等珍贵文物。希腊、罗马艺术部分陈列有巴台农神庙上的建筑雕刻、雅典卫城出土的雕塑等精美文物。斯坦因从中国劫去的大批敦煌古代经卷、佛教艺术珍品以及东晋顾恺之的名作《女史箴图》等，均藏于此。

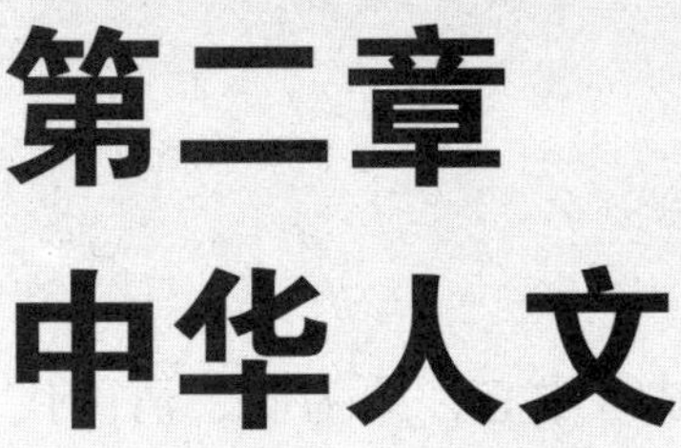

第二章 中华人文

中华民族向有崇尚自然、钟情山水和追求文化、体验人文精神关怀的优良传统。我国幅员辽阔，山河壮丽；历史悠久，文化灿烂辉煌；民族众多，民俗风情浓郁；到处都有名山大川的神韵，历史与神话传说的迷离，民俗风情的展现。这一切的一切，常常让我们为之怦然心动，为之热切向往，为之梦魂牵绕。

天安门

位于北京市城区中心，原为明、清两代皇城正门，始建于明永乐十五年（1417 年）。原名“承天门”。清顺治八年（1651 年）重修，更名“天安门”。天安门坐北朝南，城台五阙，重楼九楹，以汉白玉精雕而成的须弥座上承 10 余米高的红色墩台，台上建楼，楼为单层重檐歇山式黄琉璃瓦顶，面阔九间，进深五间，四面环廊。前有外金水河，5 座汉白玉石桥横跨水面。桥前有两对石狮及两座华表。华表满刻云纹和盘龙，顶部为一蹲兽，名“望天吼”。1949 年 10 月 1 日，毛泽东在天安门城楼上庄严宣告中华人民共和国中央人民政府成立，天安门成为新中国的象征。

故宫博物院

中国最大的古代文化艺术博物馆，位于北京天安门北侧。该院是中国文物收藏最丰富的博物馆。所藏文物一类为清代宫中历史文物和奇珍异宝，另一类为中国历代文化艺术作品。包括有青铜器、玉及石质雕刻、古代印玺、书法名画和碑帖、古代陶瓷器、丝织刺绣品、漆器、珐琅器、金银器、竹木牙质雕刻、明清家具等。故宫博物院是一座中国古代文化艺术的大宝库，陈列展览分两大类：一类为宫廷史迹原状陈列，目前保存和恢复的有前三殿、后三宫、西六宫、养心殿等多处；另一类为历代艺术陈列，开辟了专馆，长期或定期展出藏品。

秦始皇兵马俑

兵马俑在秦始皇陵的陪葬坑，位于陵墓东侧约 1500 米处，1974 年发现，是当代最重要的考古发现之一。一号坑是当地农民打井时发现的，后经钻探又发现了二、三号坑，其中一号坑最大，面积达 1.426 万平方米。三个坑共挖掘出 700 多件陶俑、100 多乘战车、400 多匹陶马、10 万多件兵器。陶俑身高在 1.75 米至 1.85 米，根据装束、神态、发式的不同，可以分为将军俑、武士俑、车士俑等。坑内还出土了剑、矛、戟、弯刀等青铜兵器，虽然埋在土里 2000 多年，依然刀锋锐利，闪闪发光，可以视为世界冶金史上的奇迹。秦始皇兵马俑规模宏大，场面壮观，具有很高的艺术价值。

万里长城

春秋战国时期，各诸侯国在边境筑长城自卫，当时长城总长已达上万里。秦朝统一六国后，又调动军民上百万人筑造长城，西起洮河，沿黄河向东，一直到辽东，绵亘万余里，成为我国最早的万里长城。明朝建立后，为防范瓦剌等族骚扰，在北方不断修筑长城。明长城之多，是历代之最。主要长城从鸭绿江边的九连城到甘肃的嘉峪关，全长 1.5 万余里。长城是人类古代巨大、壮观的工程，体现了建筑上的艺术才思。长城作为中华伟大文明古国的象征，既使我们民族感到自豪，也为世界各地人民所向往，为增进各国人民的友谊做出了重大贡献。

高原明珠——布达拉宫

雄居于西藏拉萨市红山之巅的布达拉宫至今已有1300多年的历史。它高117.19米，东西长400余米，南北宽270米。整个宫殿金碧辉煌，像是一颗镶嵌在青藏高原上的明珠。布达拉宫包括山上的宫堡群、山前的方城和山后的龙王潭花园三部分，共占地40多万平方米。布达拉宫极具民族建筑风格特色，分红白二宫。白宫为历世达赖喇嘛起居和处理政教事务的地方，红宫主体建筑便是达赖圆寂后修建的灵塔殿和各类佛堂。宫殿内有五世至十三世达赖的灵塔，以五世达赖和十三世达赖的灵塔最为豪华。宫殿内还存有大量的珍贵文物、佛教经典等。至今，宫内一直供奉着文成公主的塑像。

颐和园

颐和园原名清漪园，中国四大名园之一，在北京海淀区，是利用昆明湖、万寿山为基址，以杭州西湖风景为蓝本，汲取江南园林的某些设计手法和意境而建成的一座大型天然山水园，也是保存最完整的一座行宫御苑，占地约 2.9 平方千米。全园可分为宫廷区和苑林区。宫廷区由殿堂、朝房、值房等组成多进院落的建筑群。苑林区以万寿山、昆明湖为主体。全园以水面为中心，以水景为主体，环池布置清朴雅洁的厅、堂、楼、榭、亭、轩等建筑，曲廊连接，间植垂柳修竹。池北岸叠石为假山，从后湖引来活水，沿山石叠落而下注于池中。流水叮咚，以声入景，更增加园林的诗情画意。

避暑山庄

中国现存面积最大的皇家园林，始建于1703年，位于河北省承德市，总面积为564余万平方米。它的核心是丽正门内以澹泊敬诚殿为主体的宫殿区。宫殿区的东北部是由7个大小不同的湖面串联而成的湖泊洲岛群和一片草原，西北部是由4条沟壑为骨干的山峦丘坡，都是专供游赏的苑景区。苑景区以外，东部隔武烈河的台地和北部隔狮子沟的山坡上布置了12座喇嘛庙和另一座园林狮子园。在这个大约20平方千米的范围内组成了一个山环水绕、瑰丽多姿的空间艺术环境。避暑山庄虽然是皇家宫苑，但整体风格朴素淡雅，与周围苍莽的北方山水景物很协调。

园林艺术的杰作——苏州园林

江苏苏州市区内古典园林的通称，包括私家宅园、庭院和寺庙园林。现存苏州园林中保存较完整的有60多处。除西园、寒山寺和虎丘为寺庙园林外，绝大多数是附于住宅旁的人工山水园林。它们的格局大多以山、水、泉、石为骨骼，以花、木、草、树为烘托，以亭、榭、楼、廊为连缀。这些自然的、人工的要素由于比重的大小、品类的差别、组合的疏密、式样的异同，形成了不同的基本风格。山水宅园以外的庭院都是在不大的住宅天井中点缀少许山石水池，种植一些花木，使得庭院富有自然生机。至于寺庙园林，则是开阔胜于幽深，自然情趣胜于人工经营。

万园之园——圆明园

圆明园是中国清代皇家园林，遗址在北京海淀附近，为环绕福海的圆明、万春、长春三园，周约10余千米。三园呈倒写“品”字，各园间有宫墙相隔，宫门相通，形成有分有合的巨大园林群组。三园之一的圆明园是一座集锦式园林，以宫殿区为中心，围绕中心在河湖各处散落布置了近百座建筑或建筑群。长春园中有海宴堂、远瀛观等西洋风格的建筑群。绮春园又名万春园，也是一处以水景为主的集锦式园林。圆明三园都是以水景为主的集锦式园林，但在园林布局和造园手法上各有千秋，成就也各有高低，被誉为“万园之园”。1860年，圆明园被英法联军烧毁。

莫高窟

敦煌莫高窟不仅是中国最重要的佛教石窟，而且是闻名世界的文化艺术宝库，位于甘肃敦煌东南，地处古代“丝绸之路”的要冲。相传，敦煌莫高窟始凿于前秦建元二年（366年），历经隋唐以至元代，历代都有凿建，工程延续约千年。现尚存有壁画和雕塑作品的共492窟。窟内保存有4.5万多平方米壁画，3000余身彩塑像和5座唐宋木构窟檐。壁画中有阙、佛寺布局、城垣、塔、住宅及其他建筑形象。作品反映了中国从5世纪到14世纪的部分社会生活和历代造型艺术的发展情况。

飞来峰石刻

飞来峰石刻造像是中国南方石窟的代表，位于浙江省杭州市灵隐寺前的飞来峰上。这些从五代到宋元的古代雕像共有380余身，多分布在山岩石壁上或洞壑中。1982年，国务院公布为全国重点文物保护单位。飞来峰五代造像数量不多，以青林洞内的后周广顺元年即591年滕绍宗造弥陀、观音、势至为最早。宋代造像多为小型雕像，主要分布在青林洞、玉乳洞及其附近，以北宋天圣三年（1025年）的“卢舍那佛会”浮雕和南宋风格的布袋弥勒最为精美。元代造像形体较大，分布在冷泉溪南岸和各洞口的上方。中国古代石窟艺术在元代处于衰落时期，而飞来峰保留着较多且十分精美的元代造像，在中国艺术史中占有重要的席位。

龙门石窟

我国中原地区的大型石窟群，分布在河南洛阳城南伊河入口处两岸的龙门山和香山，保存着北魏后期至唐代的许多建筑、雕塑和书法等艺术资料。龙门石窟开凿于北魏太和十八年（494 年）迁都洛阳前后，延续至唐代，历时 400 余年。共有大小窟龛 2100 多处，造像约 10 万尊。有代表性的洞窟为古阳洞、宾阳中洞、莲花洞、潜溪寺、奉先寺、万佛洞、看经寺等 10 余处。龙门诸窟中还可看到一些佛塔和房屋。

云冈石窟

我国最负盛名的古代佛教艺术石窟之一，位于山西省大同市西约 16 千米武周山南侧。北魏统治者——鲜卑贵族崇信佛教，于 5 世纪后期至 6 世纪初开凿了云冈诸窟。云冈石窟依山开凿，东西绵延约 1 千米，规模宏伟。现存洞窟 53 处，洞窟内外造像 5.1 万余尊。习惯上分为三区：东部窟群，包括第 1 ～ 4 窟和碧霞宫；中央窟群，包括第 5 ～ 20 窟；西部窟群，包括第 21 ～ 53 窟。云冈石窟继承了秦汉以来崖墓、藏书石室的开凿技术传统，又吸收了西域凉州一带石窟寺手法，成为当时最大的石窟寺院。石窟虽以佛、菩萨像、佛经故事等宗教题材为主，但其中也有丰富的建筑形象。

麦积山石窟

在甘肃省天水东南，是规模宏大的石窟群，始凿于十六国晚期，遗存北魏、西魏、北周时期的窟龛较多。由于地震，崖面中部塌毁，剩东、西两部分，现存窟龛 221 个。崖阁式巨型洞窟是其典型的窟型，主要特征是在佛龛外凿仿木构柱廊，构成殿堂形的外观。石窟凿在上下错落的峭壁崖面上，崖面长 200 米，高约 100 米，交通联系主要靠栈道。它的栈道工程规模在我国各石窟群中居于首位。栈道离地面最高达 70 米，共有栈道 336 条，全长 800 余米。除少量石雕外，泥塑和壁画是麦积山石窟艺术的重要组成部分。现存塑像 7000 余尊，壁画约 1300 平方米，在雕塑艺术史上有很高的价值。

大足石窟

我国南方地区唐宋石窟和摩崖造像，位于重庆大足境内，除佛教和道教造像外，也有道、佛、儒在同一龛窟中的三教造像，现存造像5万余尊，分布于40多处，总称大足石窟。其中以北山、宝顶山石窟摩崖造像最为集中，规模宏大，艺术精湛，内容丰富，创于晚唐而盛于两宋，是中国晚期石窟的重要代表。北山造像在县城北约2千米处的北山上，以佛湾为中心，包括营盘坡、观音坡、佛耳岩、北塔等处，均为佛教造像。南山造像在县城南2千米处的玉皇观，为道教石窟，共6个窟龛。石篆山、石门山造像则分别在县城西南27千米及东12千米处，为儒、释、道三教石窟。

广元千佛崖

位于四川省广元市区西北，始凿于南北朝时期，历经隋、唐、宋、元、明、清，历代均有凿刻和不少题记。原有造像1.7万余尊，窟龛绵延500多米，纵横密接，犹如蜂房。1949年前，佛像多被损坏，现尚存窟龛400余座、造像7000尊左右。广元千佛崖造像从早期到唐代，都受到北方特别是麦积山石窟造像的影响，又有明显的地方特色。早期造像风格比较朴拙，唐代造像面型多略方、略平。窟龛内有的作透雕的裟罗双树，为别处石窟所少见，其中睡佛洞的三壁浮雕最为精彩。窟龛造像也有一些颇具地方特色的内容，如有的以一个金刚力士为主尊，旁镌一供养人，有的力士头有光环等。广元千佛崖对于北朝造像和南朝造像互相影响的研究，有其特殊的价值和意义。

安岳石刻

中国佛教与道教混合的石窟。位于四川省安岳县境内，始于南北朝（521 年前后），盛于唐、五代和宋，距今已有千年历史。经近年文物普查，全县有摩崖石刻造像 105 处，造像 10 万尊左右，高 3 米以上的上百尊，5 米以上的 40 多尊，15 米以上的 2 尊。至今保存较完好并具有一定规模和文物价值的石刻有 45 处。这是中华古代石刻艺术又一宝库。它多是我国石刻艺术成熟和鼎盛时期的作品，具有很高的雕刻艺术价值，造像风格除少数淳朴、粗犷的魏晋风骨外，大多是体态丰满、雍容华贵的唐代风格，也有一些精细华美、璎珞盖身的宋代特征。

天梯山石窟

天梯山石窟位于甘肃省武威市城南 50 千米处祁连山麓的张义镇，开凿在天梯山断崖上。它是我国早期的石窟，创建于东晋十六国时期的北凉，后经历代开凿，规模宏大，建筑雄伟，有学者称为“中国石窟鼻祖”。窟内保存壁画数百平方米，现存洞窟 3 层，大小佛龛 17 个，造像 100 多尊，以及魏、隋、唐时期的汉、藏写经，初唐画像等珍贵文物。其中主体建筑大佛窟如来坐像高达 30 多米。大佛左右两边站立迦叶、阿难、普贤、文殊、广目天王造像，神态逼真，形象各异，塑造精致。因修黄羊河水库，大部分佛像、壁画、经卷等搬迁于省博物馆保存。现窟内大佛依山造像，中心柱、佛龛及部分壁画尚存，是珍贵的历史文物。部分文物已经修复。

云门山石窟

位于山东省青州市东南约 4 千米。造像在山南崖壁上，有洞窟和大龛 5 个及一些小龛，共有大小造像 270 尊。这些造像，虽经过 1000 余年的沧桑，风雨侵蚀，战火洗劫，但大部分还基本完好，现已成为研究古代佛教艺术和当时造型艺术极为珍贵的实物资料，它是我国东部现存石窟艺术中的一朵奇葩。造像主要为西方三圣像（阿弥陀佛和观世音、大势至两位菩萨），也有力士、释迦多宝二佛说法像，还有供养人像等。这些石造像，绝大多数附有准确的记年。明嘉靖年间的摩崖巨“寿”为全国之最。“寿比南山”即出于此。

须弥山石窟

须弥山石窟位于宁夏回族自治区固原市西北须弥山东麓。它和敦煌、云冈、龙门石窟一样，是我国古代文化遗产的瑰宝。须弥山石窟最初约开凿于北魏晚期。石窟长年累月，风雨剥蚀，加之人为破坏、地震灾害等，至今造像保存较完整的仅有20个，主要分布在大佛楼、子孙宫、园光寺、相国寺和桃花洞5处。现存造像最多的是第45、46窟。第5窟（原编第二窟）的释迦坐像，高25米，是须弥山依山雕塑最大的一窟。佛面相丰满，慈祥温和，身披袈裟，两手自然放在膝上。须弥山石窟另有唐、宋、西夏、金和明代的题记等，这些珍贵资料为了解中国石窟艺术和当时社会历史提供了有利的依据。

响堂山石窟

响堂山石窟是北齐时期陆续开凿的，在河北省邯郸市西南峰，现存主要洞窟 16 处。鼓山南麓 7 个窟称南响堂山石窟，鼓山山腰的 8 个窟称北响堂山石窟，两处相距约 15 千米。响堂山石窟建筑修饰显示出石窟艺术逐渐中国化的过程。石窟的窟型有两种：一种是平面略呈方形，顶板水平，凿出中心柱的形式；另一种是平面呈方形，顶板水平，三壁各开主龛的形式。石窟有大小塑像共 4000 多尊，刻有《维摩诘经》等四部经，大体完整。石窟雕刻表现的建筑装饰艺术比较丰富。各洞窟门框、龛楣多用卷草花纹，较云冈石窟的风格更流畅饱满。有些窟内顶板地面的雕饰以大莲花为主题。

柏孜克里克石窟

9—13 世纪的佛教石窟寺。在中国新疆吐鲁番城东北约50千米的木头沟内。“柏孜克里克”，维吾尔语意为“美丽的装饰之所”。洞窟分布在木头沟西岸断崖上，对岸是火焰山。洞窟分为南、中、北三区。最早的洞窟凿于南北朝末期，绝大部分为高昌回鹘期的遗迹；最晚洞窟可延至元初。柏孜克里克石窟是古代高昌地区保存较好、内容较丰富的一处石窟寺，是回鹘佛教艺术的代表，在佛教东渐的路线上是相当重要的一环。它一方面受到龟兹文化的影响，另一方面又吸收了中原地区的文化，对研究东西方文化的交融和汇集有重要价值。

乐山大佛

中国唐代佛教石刻造像，在四川省乐山市东南凌云山栖鸾峰临江峭壁，岷江、大渡河和青衣江汇流处。大佛为弥勒坐像，通高 71 米，肩宽 24 米。其中头高 14.7 米、宽 10 米，耳长 6.7 米，眼长 3.3 米，颈高 3 米，脚背宽 9 米，为世界最大的石佛像，故俗称“山是一尊佛，佛是一座山”。大佛坐东面西，远眺峨眉山，近瞰乐山市。大佛开凿于唐玄宗开元元年（713 年），唐德宗贞元十九年（803 年）完工，历时 90 年。

悬空寺

中国古代栈桥式悬壁寺庙建筑。在山西省浑源县南恒山唐峪口西峭壁上，始建于北魏晚期（约6世纪），金代重修，后归列恒岳庙宇范畴，明清予以重建。寺依壁建屋，插桩为基，楼阁悬空，气势险峻，现存大小楼阁40间。寺宇布局紧凑，殿宇楼阁高低错落，入山门为韦驮殿，北行是寺内庭院，钟鼓二楼对峙，正面是佛殿。上层为三佛殿、太乙殿、关帝殿，内奉脱纱三身佛和太乙真人、关圣帝君等。佛殿后部两隅筑有单檐歇山式的藏殿，西北隅有九脊顶大悲殿，奉千手千眼观世音菩萨。寺北隅有高阁两座，两阁之间有石佛像三龛。

中山陵

民主革命先行者孙中山的陵墓，位于南京市紫金山南麓，坐北向南，1926 年奠基，1929 年建成祭堂、墓室。陵园东邻灵谷寺，西毗明孝陵，周围山势逶迤，松柏森郁，风光开阔宏美。陵园总体规划借鉴了传统陵墓的布局特点，密切结合地形，突出环境的天然气势。各幢单体建筑除祭堂造型有所创新外，都保持了比较严格的清式建筑形式，但运用了新材料、新技术，采用了纯净、明朗的色调和简洁的装饰。这是近代中国建筑师第一次规划、设计的大型纪念性建筑组群，也是中国建筑师运用传统风格于大型建筑组群的重要作品，是中国近代建筑创造新民族风格的一次成功尝试。

九龙壁

著名照壁建筑，在山西省大同市城区东大街，原为明太祖朱元璋第十三子朱桂代王府前的照壁，建于1392年。壁长45.5米，高8米，厚2.02米，用黄、绿、赭、紫、蓝等彩色琉璃构件拼砌而成，体积大，色彩斑斓，瑰丽壮观，为国内琉璃照壁之冠。壁下部为须弥座，束腰精雕狮、虎、麒麟、飞马等动物。顶部为仿木结构原殿顶。中部壁面为九条巨龙，或伸爪抱珠，或喷须拂云，或翘尾探海，或搏击风雨，皆翻腾于波涛汹涌的云海之中。壁前有倒影池，九龙入水，清风拂过，云龙飘动于水中，有巧夺天工之妙。

天坛

天坛位于北京崇文区，始建于明永乐十八年（1420年），是明、清两代皇帝每年“祭天”和“祈谷”的地方。它以严谨的建筑布局、奇特的建筑构造和瑰丽的建筑装饰著称于世。总占地面积为273万平方米，分为内坛和外坛。主要建筑物在内坛，南有圜丘、皇穹宇，北有祈年殿、皇乾殿，由一条贯通南北的甬道，把这两组建筑连接起来。外坛古柏苍郁，环绕着内坛，使主要建筑群显得更加庄严宏伟。坛内还有巧妙运用声学原理建造的回音壁、三音石、对话石等，充分显示出古代中国建筑工艺的发达水平。天坛是中国现存精美的古建筑群之一，现已开辟为公园。

卢沟桥

著名古桥之一，在北京市丰台区广安门外永定河上。因永定河旧称卢沟河，桥亦以河名。卢沟桥始建于1189年，是北京地区现存最古老的石造联拱桥。桥用白石建成，全长266.5米，有11个桥拱，两边各有石栏雕柱140根，上雕石狮子大小不一、千姿百态，或藏或露，素有卢沟桥的狮子数不清的说法。桥东碑亭内立有清乾隆皇帝所题“卢沟晓月”碑，为“燕京八景”之一。意大利旅行家马可·波罗于元初来华，在其游记中赞美此桥“独一无二”。桥东为宛平旧城，1937年7月7日的“七七事变”即发生于此。